8 주간의 기적
여자 운동편

하루 30분,
40일 만에 완성되는
슬림&탄탄 명품 바디

8 WEEKS TRAINING 주간의 기적

여자 운동 편

조명기 지음

위즈덤하우스

날씬하면서도
근육이 탄탄한 몸매,

8주 안에
완성합니다

"이번이 진짜 마지막 다이어트야!"

"오늘까지만 먹고 내일부터는 진짜 굶을 거야."

센터에서 수업을 할 때 여성 회원들에게 가장 많이 듣는 말이다. 왜 쫄쫄 굶으면서 단기간에 살을 빼고, 다시는 운동이나 다이어트를 하지 않으려고 할까? 체지방과 근육은 평생 관리해야 하고 운동도 습관적으로 유지해야 다이어트 세포가 몸에 심어지는 법! 하지만 다들 '인생 마지막 다이어트'라고 말하며 무조건 굶으며 살을 빼려고 한다. 그 결과는, 100% '요요 현상'으로 돌아온다.

세상에서 가장 좋은 다이어트와 운동은 무엇일까? 바로 '지속가능한 것'이어야 한다. 운동과 다이어트는 건강 관리 중 하나이기 때문에 우리 인생에 있어서 늘 함께 하는 '동반자'라고 생각해야 한다. '8주간의 기적' 프로그램의 목적은 단기간에 살을 빼고 근육을 키운 다음 바디프로필만 찍고 끝내는 것이 아니다. 프로그램이 끝난 후에도 꾸준히 스스로의 몸매를 관리하는 습관을 길러주는 것에 의의가 있다. 수강생들은 모두들 8주간의 단기 속성 프로

4

그램을 마친 후에도 운동과 식단을 지속하여 다시는 '살이 찌지 않는 몸'으로 탈바꿈되었다. 이러한 기적을 옆에서 지켜보며 책을 쓸 때에도 지속가능한 운동, 식단을 염두에 두며 집필했다.

2017년, 첫 책『8주간의 기적 근육의 부활』을 출간한 후 여자 독자분들의 문의가 쇄도했다.

'이 운동은 남자들만 할 수 있나요?'

'여자를 위한 8주간의 기적 프로그램은 없나요?'

첫 번째 책은 남성들의 근력과 근육 스타일에 맞춘 운동법과 중량 위주로 집필했기 때문에, 여성 독자들은 거리감을 많이 느꼈던 것 같다. 하지만 사실 '8주간의 기적'은 성별에 관계없이 남녀노소 누구나 실천할 수 있는 운동&다이어트 프로그램이다. 개그우먼 박미선, 박나래, 이수지, 김영희, 양혜지, 유튜버 엔조이커플의 임라라 등 실제로 수많은 여자 스타들이 실천해왔으며 체지방 감소, 근육량 증진, 슬림하고 탄탄한 바디라인, 체력 증진까지 운동 효과를 확실하게 입증했다.

"살은 빼고 싶은데 몸의 탄력이나 볼륨감이 없어지는 건 싫어요."

"엉덩이가 너무 없어서 고민이에요. 옷 입었을 때 뒤태가 좋았으면 좋겠어요."

두 번째 책, 『8주간의 기적 여자 운동 편』은 여성 독자들의 의견을 최대한 수렴하여 '군살 없이 날씬하면서도 볼륨감 있는 탄탄한 몸매'를 완성하는 40일 요일별 운동법과 식단을 담은 책이다. 운동에 있어서 성별을 따로 구분하진 않지만, 완전히 여성 다이어터들의 고민과 니즈에 집중하여 연구한 책이므로 특별히 제목에 '여자 운동 편'을 붙였다. 예를 들어 똑같은 하체 운동이어도, 옷의 뒤태를 중요하게 여기는 여성 독자들의 니즈에 맞추어 힙 운동과 허벅지 후면 뒤쪽 운동을 더 강화시키는 식으로 집필했다.

8주, '절대 살찌지 않는 운동&식단 습관'을 만드는 데 충분히 가능한 시간이다. 8주 동안 이 책에서 정리한 요일별 루틴을 따라 하다 보면 몸은 반드시 바뀐다. 그리고 노력한 만큼 변화하는 내 몸을 보며 자존감도 높아진다. 이러한 변화가 바로 저자로서, 트레이너로서 내가 가장 바라는 점이다.

오랜 시간 동안 '8주간의 기적' 프로젝트를 이끌어오면서 감사한 분들이 많다. 나를 믿고 따라와준 수많은 수강생분들께 진심으로 감사 인사를 전하고 싶다.

일단 부딪혀보자.
당신도 '8주간의 기적' 주인공이 될 수 있다!

조 명 기

CONTENTS

PART 1.

8주간의 기적 비포&애프터

PART 2.

맨몸 스트레칭 &준비 운동

PART 3.

8주간의 기적
요일별 운동법

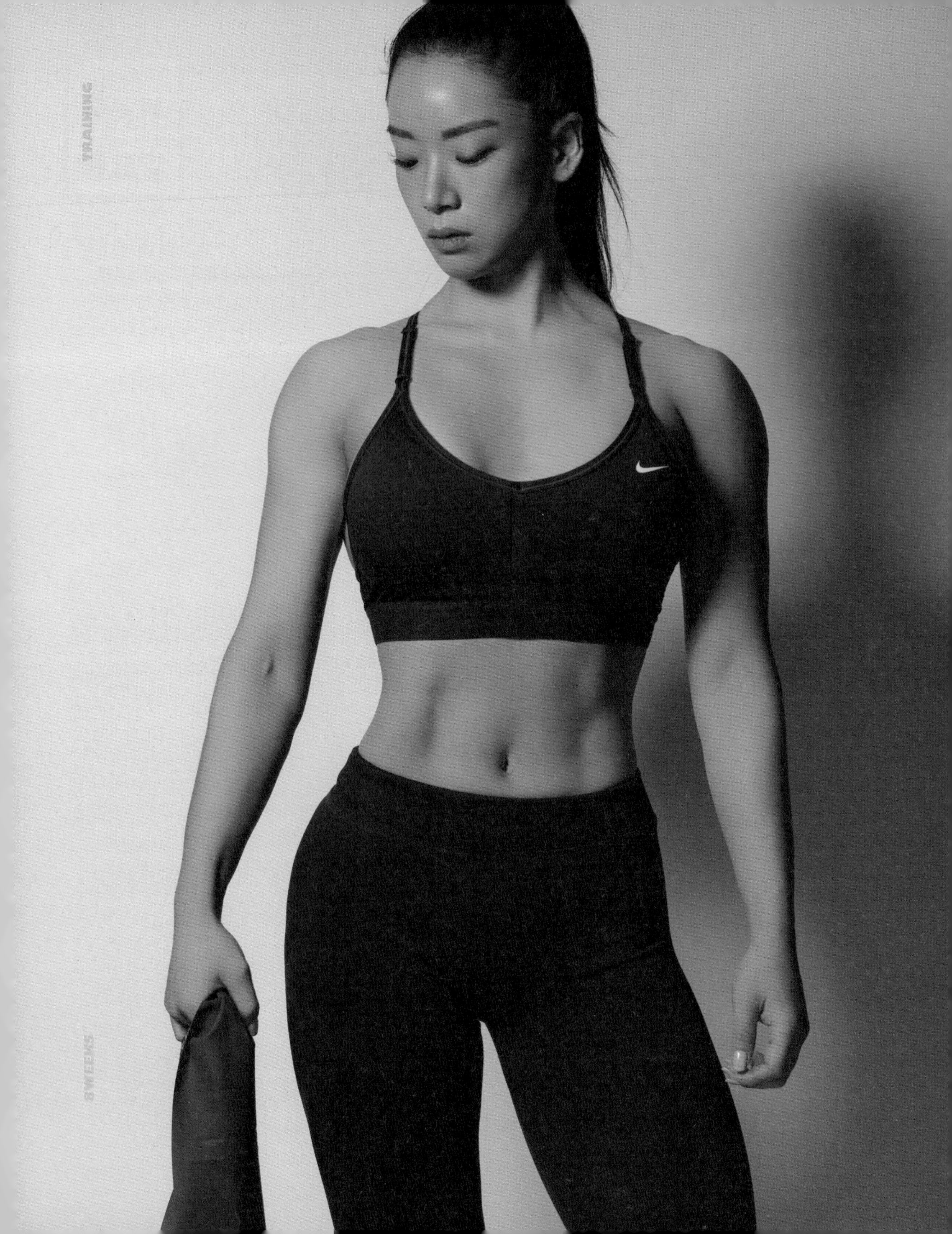

1

BEFORE &AFTER

8주간의 기적
비포&애프터

여자들이 흔히 하는 말 중 하나,
**"나 이번엔
진짜 다이어트할 거야."**

8주간의 기적,
무엇이 다른가?

이때 여자 다이어터들이 쉽게 택하는 방법은 한 가지다. 조급한 마음에 다이어트 약을 먹고 무작정 굶는 것. 하지만 이렇게 무조건 칼로리를 제한해서 뺀 체지방은 분명 쉽게 쌓인다. 요요 현상 후 불어난 몸에 스트레스를 받으면서 무조건 굶고, 다시 찌고, 굶고…. 잘못된 다이어트의 악순환은 결국 탈모, 생리 불순, 체력 저하 등 여성 건강을 망친다.

'8주간의 기적'은 다시는 살찌지 않는 몸을 만들어주는 운동&식습관 프로그램이다. 첫 번째 차별점은 '하루 최소 30분씩, 주말을 제외한 총 40일 데일리 운동 루틴'이라는 것. 비싼 PT를 받을 필요 없이 헬스장이나 집에서 쉽게 실천할 수 있는 맨몸&소도구 운동으로 구성했다. 8주 만에 운동을 끝내는 것이 아니라 8주 동안 반복적인 운동 동작들을 몸에 익히는 것이 중요하다. 두 번째 차별점은 '무조건 굶거나 칼로리를 제한하지 않는 식단'이라는 것. 단백질과 채소, 수분 위주의 식단으로 자주 챙겨 먹으며 폭식과 요요 현상을 없애주는 식습관을 길러준다. 무척 평범해 보이지만 이 루틴만 매일매일, 40일 실천하는 것만으로도 불필요한 체지방과 붓기는 완벽하게 사라진다.

날씬하면서도
탄탄한 근육이 잡힌 몸이 대세다!

"뱃살 속에 감춰져 있던 내 복근을 인생 처음으로 만져봤어요."

"이게 내 엉덩이 맞나요? 힙업이 완벽해서 청바지가 너무 잘 어울려요!"

모든 여성 수강생들이 열광한 세 번째 차별점은, '내 몸에 잘 맞는 근육을 확실하게, 튼튼하게 키워준다는 것'이다. 회원들을 가르치다 보면 보통 남성들은 몸을 크게, 근육질로 만드는 것에 초점을 두거나 상의를 탈의했을 때 멋진 상체가 부각되기를 바란다. 여성들은 옷을 입었을 때의 핏(fit)을 중요하게 생각한다. 그리고 예전에는 마른 몸을 추구했다면, 요즘은 날씬하면서도 근육과 볼륨감이 잡힌 몸을 선호하는 추세다.

다들 알다시피 마르고 연약한 몸, 음료수 뚜껑 하나 못 여는 근력이 약한 몸의 시대는 끝났다. 요즘 여성들의 워너비는 '쇠질, 운동하는 여자들의 잔근육이 탄탄한 몸매'다. 슬림하면서도 탄력 있고 볼륨감이 넘치는 몸을 만들기 위해서는 단순히 체지방만 빼는 것만으로는 부족하다. 8주간의 기적 프로그램은 부위별 맞춤 근력 운동을 집중적으로 실시하고, 8주 후에도 이 운동을 유지할 수 있도록 평생 운동 습관을 만들어준다.

8주간의 기적을 체험한 연예인들의 간증

8주간의 기적 프로그램의 시작은 단순히 바디프로필을 찍기 위한 몸매를 만들거나 다이어트를 하기 위함이 아니었다. 운동할 시간도 없이 불규칙적인 생활 패턴으로 사는 연예인들의 건강을 개선해주고 싶은 마음으로 시작한 프로젝트였다. 팔과 다리는 말랐지만 툭 튀어나온 뱃살, 야식과 회식으로 만들어진 술살과 뱃살, 덩치는 크지만 체력은 저질인 연예인들을 보며 트레이너로서 그들에게 도움을 주고 싶었던 나는, '8주'라는 짧은 시간 동안 실천할 수 있는 운동 루틴과 식단, 건강 관리법을 개발하게 되었다. 한 마디로 8주간의 기적은 '건강 개선 프로젝트'인 셈이다.

수강생들 처음에는 모두 바쁜 스케줄 속에서 야식과 술을 절제하고 매일매일 운동을 해야 한다는 사실에 힘들어했지만, 자연스럽게 나타나는 몸의 변화를 보면서 강력한 동기 부여를 받았다. 이제는 내가 억지로 시키지 않아도 다들 8주간의 기적 프로젝트를 꾸준히 실천하고 있다. 그들의 트레이너로서 내가 가장 뿌듯해하는 점은, 이제 살이 조금이라도 찌거나 몸매가 흐트러지면 건강하게 바로잡는 방법을 수강생들 스스로 알고 있다는 점이다.

개그우먼
박나래

몸의 변화 수치

항목	Before	after
체중	55.6kg	→ 49.6kg
골격근량	20.7kg	→ 20.4kg
체지방량	17.9kg	→ 11.8kg
체지방률	33%	→ 23.8%
복부지방률	0.88	→ 0.76

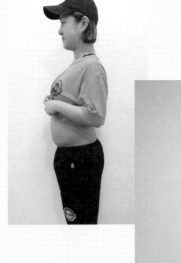

개그우먼
이예림

몸의 변화 수치

항목	Before	after
체중	66.1kg	→ 60.7kg
골격근량	29.2kg	→ 28.1kg
체지방량	14.3kg	→ 10kg
체지방률	21.7kg	→ 16.5kg
복부지방률	0.85	→ 0.82

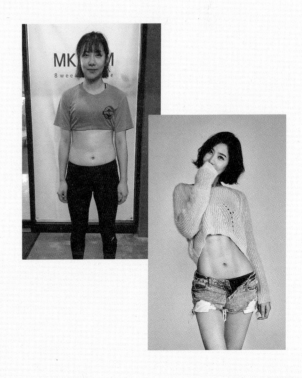

8주간의 기적 하루 루틴은 아래와 같다.

그리고 각 요일마다 집중하는 부위를 정해두어,
한 주 동안 몸 전체가 골고루 운동하도록 신경 썼다.

하루 최소 30분씩 40일 동안 위와 같은 루틴으로 열심히 운동하여
워너비 몸매를 갖게 된 연예인들의 비포&애프터 사진과 후기를 공개한다.
독자들에게 건강한 자극이 되길 바란다.

"요요 걱정 끝!
살이 찌지 않는 몸이 되었어요!"

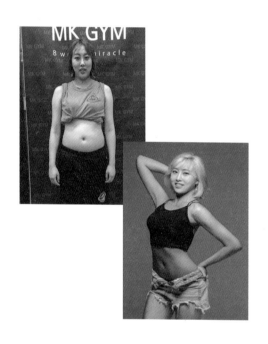

몸의 변화 수치

	Before	after
체중	*Before* 61.2kg	→ **53.4kg**
골격근량	*Before* 23.8kg	→ **22.4kg**
체지방량	*Before* 17.3kg	→ **11.9kg**
체지방률	*Before* 28.2%	→ **22.3%**
복부지방률	*Before* 0.88	→ **0.82**

STORY

저는 맥주를 너무 좋아해서 하루에 2리터씩 마시곤 했는데요. 그러다 보니 술배가 엄청 나
오더라고요. 운동을 안 한 지도 오래되어서 내장지방까지도 심각한 상황이었습니다. 먹는
것을 좋아해서 다이어트를 할 수 있을까 걱정했는데, 역시 조명기 트레이너님의 8주간의
기적은 달랐습니다. 운동 효과가 몸에 정말 빠르게 나타나고요. 운동한 게 아까워서 야식
생각이 하나도 안 났어요. 체중 유지하는 데에도 훨씬 수월했습니다.

8주 후, ——— 그 결과는?

스스로 식단 조절을 하게 되었어요! 야식 끊었습니다.

운동으로 근육을 만드니 살이 쉽게 찌지 않아요.

요요 걱정 끝! 최고의 다이어트 운동입니다.

먹는 것이 인생의 낙 중 9할인 저도 해냈습니다.

여러분도 할 수 있어요.

먹는 걸 참지 못하는 다이어터라면,

8주만 딱 집중하는 것을 추천합니다!

**조명기 트레이너의
진단**

임라라 회원은 체대 출신으로 운동 신경은 뛰어났지만, 먹는 것을 워낙
좋아하다 보니 식습관을 바로잡는 것이 우선적으로 필요했다. 또한 등
과 어깨가 빈약하여 아래 운동 위주로 실시했다.

**시티드 밴드
원 암 랫풀 다운**

**밴드 사이드
래터럴 레이즈**

"군살 타파!
인생 처음으로 복근을 만들었어요!"

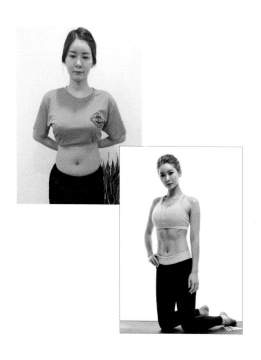

몸의 변화 수치

	Before	after
체중	54.5kg	→ 50.8kg
골격근량	22.7kg	→ 21.3kg
체지방량	13.5kg	→ 11.2kg
체지방률	25.1%	→ 22%
복부지방률	0.85	→ 0.79

STORY

8주간의 기적을 시작하기 전에는 살이 통통하게 붙은 체형이었습니다. 먹는 걸 워낙 좋아해서 평소에 자주 과식하는 편이었어요. 건강도 나빠지고 옷 입었을 때 핏도 예쁘지 않아서, '이제 진짜 살을 빼야겠다!' 결심을 하고 조명기 트레이너님을 찾아갔죠. 주변 연예인 동료들의 비포, 애프터를 보고 8주간의 기적을 시작하게 되었어요.

8주 후, ————— 그 결과는?

체지방이 싹 빠지고 군살 정리 완벽!
알맞게 근육량이 늘어서 몸이 탄탄해졌어요.
인생 처음으로 뱃살에 숨겨진 복근을 봤어요.
자신감, 성취감, 체력을 위해
지금 바로 8주간의 기적을 시작하세요!

**조명기 트레이너의
진단**

맹승지 회원은 몸은 말랐지만 복부에 지방이 몰려 있는 상태여서 복부
위주와 하체 위주의 운동을 많이 실시했다.

스쿼트

엘보우 플랭크

"지긋지긋한 복부 비만 걱정 끝!
체력도 피부도 좋아졌어요"

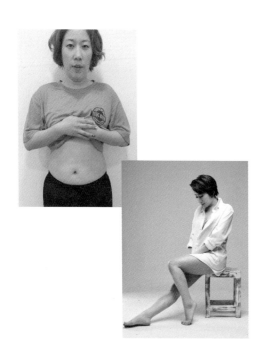

몸의 변화 수치

	Before	after
체중	*Before* 53.7kg	→ **53.8kg**
골격근량	*Before* 20.3kg	→ **20.4kg**
체지방량	*Before* 21.1kg	→ **16.8kg**
체지방률	*Before* 35.9%	→ **31.1%**
복부지방률	*Before* 0.87	→ **0.83**

STORY

조명기 트레이너님과 8주간의 기적 프로그램을 시작하기 전 제 몸 상태는 엉망진창이었어
요. 매 끼니마다 군것질을 입에 달고 살았고 탄산 중독에 물도 아예 안 마셨어요. 배가 유독
뚱뚱한 상체 비만, 복부 비만이었습니다.

8주 후, ——— 그 결과는?

지긋지긋한 복부 지방은 사라지고 탄탄한 근육 바디로!

피부톤이 달라졌어요. 몸도 가벼워졌고요.

평소에 감기를 달고 살았는데, 운동 후 체력도 좋아졌습니다.

불면증 끝! 밤마다 꿀잠을 잤어요.

길게, 느슨하게 하는 다이어트는 그만 합시다!

'8주'라는 목표를 정해놓고 운동하면 지치지 않고 할 수 있어요.

**조명기 트레이너의
진단**

김영희 회원은 전체적으로 체지방이 많은 몸이었다. 그래서 칼로리 소비를 늘리는 데 중점을 두고 전신 위주의 운동을 실시했다.

버피테스트

점프 스쿼트

"스스로 내 몸을 바꿨다는 인생 최고의 성취감"

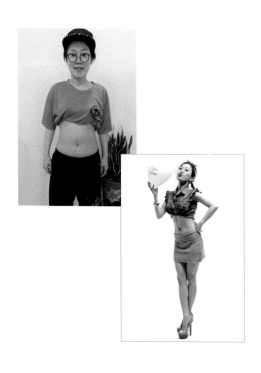

몸의 변화 수치

체중	*Before* 45.4kg →	*after* **39.7kg**
골격근량	*Before* 16.2kg →	*after* **15.4kg**
체지방량	*Before* 14.5kg →	*after* **10.5kg**
체지방률	*Before* 33.2% →	*after* **26.4%**
복부지방률	*Before* 0.81 →	*after* **0.80**

STORY

조명기 트레이너님과 8주간의 기적 프로그램을 실천할 때는 오직 내 몸을 위해 하나의 목표를 가지고 열심히 달렸던 것 같아요. 물론 운동할 때는 힘들었지만 지금 생각하면 무척 그립습니다. 동갑 친구인 맹승지 씨와 8주간의 기적 동기가 되어 운동도 같은 시간에 하고, 재미있는 기억이 많습니다. 8주 동안 쌓아 올린 기적은 '앞으로도 나는 무엇이든 할 수 있다!'는 자신감을 갖게 해주었어요. 다시 해도 두려워하지 않고 멋지게 해낼 수 있을 것 같습니다.

8주 후, ——————— 그 결과는?

무조건 굶은 것도 아니었는데 체지방이 드라마틱하게 빠졌어요.
뱃살이 사라지고 11자 복근이 선명해져서 정말 놀랐습니다!
항상 부어 있는 기분이 들었는데, 몸이 훨씬 가벼워졌어요.
팔다리의 근육도 마음에 들어요.
운동은 힘들지만, 하고 나면 '잘했다!' 하고
스스로를 칭찬하게 돼요.
여러분도 도전해보세요. 슬림&탄탄 드림바디를 향하여!

**조명기 트레이너의
진단**

박슬기 회원은 체지방이 많은 편은 아니었지만 건강을 개선하는 것이
급선무였다. 꾸준한 운동으로 평소 좋지 않았던 소화 기관 기능을 원활
하게 만들기 위해 노력했다.

마운틴 클라이밍　　　　　　**덤벨 사이드 밴드**

"8주간의 기적,
무조건 믿고 따르세요!"

몸의 변화 수치

	Before		after
체중	74kg	→	**70.9kg**
골격근량	35.6kg	→	**36.6kg**
체지방량	11.8kg	→	**7.7kg**
체지방률	16%	→	**9.6%**
복부지방률	0.87	→	**0.82**

STORY

8주간의 기적 프로그램 이후, 조명기 트레이너님과 꾸준히 운동을 하며 몸을 관리하고 있습니다. 예전에는 '지극히 현실적인' 체력과 몸매였어요. 식단이든 운동이든 몸 관리를 전혀 하지 않았죠. 그때는 전혀 몰랐는데, 조명기 트레이너님을 만난 이후로 '아, 운동하기 전 몸 상태는 진짜 심각했었구나.' 하고 체감하게 되었습니다. 이제는 8주간의 기적 프로그램이 습관으로 자리잡아서 운동도 식단도 스스로 관리합니다.

8주 후, ——————— 그 결과는?

떡볶이, 피자, 파스타 등 탄수화물 중독에서 탈출!
옆구리살, 뱃살이 사라지고 넓은 어깨와 복근이 생겼습니다.
자신의 가능성을 믿고 딱 8주만, 이 책과 함께 운동을 시작하세요.
조명기 트레이너님을 믿고 무조건 따르세요!

**조명기 트레이너의
진단**

김재우 회원은 전체적인 균형에 비해 복부, 그 중에서도 옆구리 살이
두드러진 체형이었다. 그래서 옆구리 군살을 뺄 수 있는 복부 운동을
집중적으로 실시했다.

슈퍼맨

시저스 킥

"여자, 남자 모두에게
최고의 다이어트 운동법!"

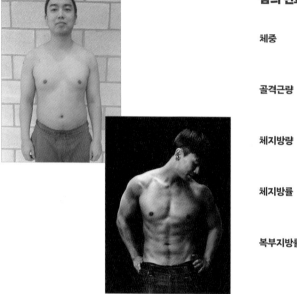

몸의 변화 수치

	Before	after
체중	78kg	→ 67.3kg
골격근량	33.3kg	→ 32.4kg
체지방량	19.7kg	→ 10.1kg
체지방률	25.2%	→ 14%
복부지방률	0.94	→ 0.84

STORY

8주간의 기적을 실천하기 전에는 기본적인 체력 자체가 상당히 떨어져 있는 상태였습니다. 과체중이었고 기초 대사량도 문제가 많았어요. '어차피 쪘으니 에라 모르겠다!' 식으로 불규칙한 식사, 고칼로리 식사, 야식과 음주 등 안 좋은 건 다 하는 몸이었습니다. 하지만 조명기 선생님을 만난 후, 저는 내 몸에 대해 공부하게 되었습니다. 운동을 해서 살이 빠지고 근육량이 오르는 것은 당연했고요. 가장 큰 변화는 '이 식사가 나에게 왜 나쁜지, 왜 살을 찌게 만드는지', '이 운동이 나에게 왜 필요한지'를 알게 되었다는 점입니다.

8주 후, ──────── 그 결과는?

과체중과 심각한 체지방, 완전히 박살냅니다!
선명한 근육, 상하체가 골고루 단련된 몸매와
영양가 있는 식습관까지
8주간의 기적으로 당신은 평생 몸을 관리하게 됩니다.

**조명기 트레이너의
진단**

곽범 회원은 피부가 두꺼운 편이어서 초반에 유산소 운동과 식단을 강하게 병행하며 지방을 빼는 것에 집중했다.

버피테스트

플랫 덤벨 프레스

쫄쫄 굶지 않아도 살이 빠지는
특별한 식단법

모든 다이어트 방법은 식단을 제한하면서 운동을 하는 원리를 따른다. 괜찮은 방법들도 많지만 칼로리만 제한해서 너무 적게 먹으면 아무래도 보상 심리로 인해서 다이어트가 끝나는 시점에 폭식을 하게 되는 경우가 많고 오히려 몸이 더 뚱뚱해질 수 있으므로 주의해야 한다.

8주간의 기적 운동 프로그램은, 식단을 무조건 제한하는 것보다는 오히려 포만감을 유지하는 방법을 택한다. 3~4시간에 한 번씩 음식을 공급해줌으로써 공복 상태가 길어지지 않도록 하는 것이 8주간의 기적 식단의 핵심이다. 물론 사람마다 특성이 다르기 때문에 자신이 거짓 배고픔인지 잘 판단해서 식단을 구성해서 먹어야 한다.

→

공복은 짧게,
포만감은 길게!

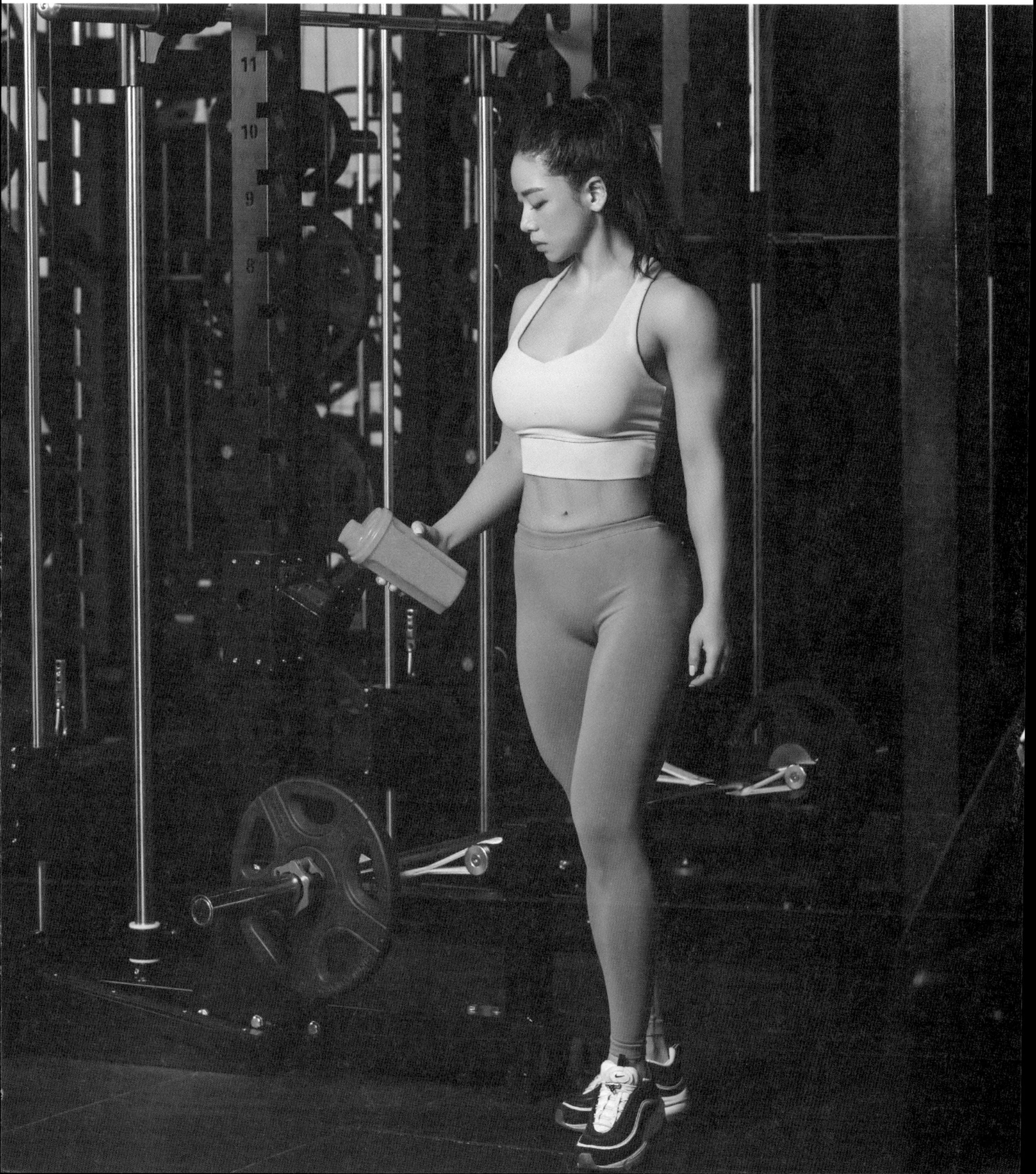

8주 동안
무엇을 어떻게 먹을까?

8주간의 기적 프로그램에 참여한 여자 연예인들이 실제로 실천했던 식단이다.
개인별로 차이가 있으므로 아래 식단표를 참고로 하여 변주해도 좋다.

식사, 언제 해야 좋을까?   원활한 소화를 위해 운동 전 적어도 2~3시간 전에 식사를 해야 한다. 그래야 소화 기관에 부담이 줄고 운동 집중력을 높일 수 있다. 운동 후에는 단백질 위주로 식사를 해야 근육량이 높아진다. 따라서 무조건 굶지 말고 운동 후 반드시 영양분을 섭취해야 한다.

8주간의 기적 추천 식단표

아침	간식	점심	간식	저녁	간식
오트밀 50g 계란프라이 2개 아스파라거스 2줄 블루베리 100g	사과 1개	현미밥 또는 쌀밥 130g 닭가슴살 100g 소량의 김치 김 브로콜리 또는 파프리카	계란 2~3개 (노른자 1~2개) 아몬드 10알 미만	고구마 200g 닭가슴살 100g 소량의 김치 김 아스파라거스 2줄	딸기, 오렌지, 방울토마토 중 선택해서 섭취

운동 전   아메리카노   **운동 후**   바나나 1개

주요 식단의 칼로리와 효능 알아보기

주요 식단과 중량	칼로리	효능
고구마 100g	85kcal	항산화 작용, 혈당 조절, 소화 촉진에 도움을 준다. 식이섬유가 풍부하여 변비를 예방하고 눈과 피부 건강에도 좋다.
닭가슴살 100g	150kcal	고단백질, 아미노산이 포함되어 있어 근육을 생성하고 보호해준다. 지방과 칼로리도 낮아서 다이어트 시 최고의 식단이다.
삶은 계란 1개	80kcal (흰자 10~15kcal, 노른자 70kcal)	저당질 식품으로 다이어트에 적합하고 오랜 포만감을 준다. 단백질이 풍부하여 지방 연소에 도움이 되고 비타민B가 풍부하여 신진 대사를 돕는다.
아몬드 1알	10kcal 내외	혈당치가 올라가는 것을 막아주어 살이 잘 찌지 않는 체질로 바꿔준다. 식이섬유가 풍부하여 변비와 피부 미용에 좋다.
브로콜리 100g	28kcal	식이섬유가 풍부하여 다이어트 시 흔히 발생하는 변비를 막아준다.
양상추 100g	11kcal	저녁에 섭취하면 숙면 효과가 있다. 신경을 안정시킨다.
방울토마토 100g (8개)	16kcal	낮은 칼로리, 높은 포만감으로 다이어트 시 최고의 간식이다. 칼슘이 빠져나가는 것도 막아준다.

주요 식단과 중량	칼로리	효능
블루베리 100g	56kcal	두뇌 활동을 원활하게 해주며 혈압을 안정시킨다. 신진대사를 촉진하고 몸에 쌓인 활성화 산소를 없애준다.
사과 100g	57kcal	사과 껍질의 펙틴 성분이 소화 기능을 도와 장을 깨끗하게 청소해준다. 배변 활동을 돕고 위 점막 세포 재생 효과가 있다.
파프리카 100g	빨간색 23kcal 노란색 24kcal 주황색 31kcal 초록색 16kcal	빨간색 : 노화 질병 방지, 칼슘과 인 포함 노란색 : 비타민 다량 함유. 스트레스 해소. 고혈압이나 심근경색 뇌경색에 좋다. 주황색 : 비타민과 철분, 베타카로틴이 풍부해 피부염 등에 좋다. 초록색 : 풍부한 유기질. 칼로리가 낮아서 다이어트에 효과적이다. 철분이 많아서 빈혈을 예방한다.
바나나 100g	93kcal	오랜 포만감을 주며 변비 예방에도 도움이 된다. 염분 배출, 부종 예방, 피로 회복, 수면 호르몬 생성, 콜레스테롤과 혈압 수치 저하 효과가 있다. 철분이 풍부하여 빈혈을 막아주고 마그네슘과 칼륨이 근육의 긴장을 풀어준다.
아메리카노 1잔 (하루 권장량 400mg)	10kcal	지방 분해 효과가 있다. 심박수 증가로 운동 효과를 극대화하고 이뇨 작용을 일으켜 노폐물을 배출시킨다.

운동 효과를 극대화하는

식단 Q&A

Q. 운동할 때 물은 꼭 마셔야 하나요?

운동 중에는 1리터 이상의 수분을 섭취할 것을 권한다. 일상생활 통틀어서는 1~2리터를 마시도록 하자. 단, 건강 검진 시 신장에 이상이 있다면 건강에 맞게 수분 섭취를 조절한다.

Q. 영양제 먹어도 되나요?

종합 비타민, BCAA(근육 생성, 유지하는 아미노산)을 섭취해서 영양소를 보충하자.

Q. 단백질은 닭가슴살만이 정답일까요?

닭가슴살이 지겹다면 간을 하지 않은 소고기, 생선(고등어, 틸라피아 추천)을 섭취하여 단백질을 얻자.

Q. 채소를 꼭 먹어야 하나요?

매 식사 시 채소를 섭취하길 바란다. 다이어트 중에는 변비에 걸리기 쉽기 때문에 섬유질을 반드시 섭취해야 한다.

Q. 아몬드 대신 다른 견과류는 안 되나요?

아몬드만 먹는 것이 어려운 상황이라면, 시중에서 판매하는 '하루 견과'로 대체할 수 있다. 단 '한 봉지'만 가능하다.

Q. 식사 횟수를 줄이면 다이어트 효과가 클까요?

절대! 무조건 굶는 다이어트는 실패의 지름길이다. 앞서 말한 다섯 번의 식사 중, 적어도 3~4번은 챙겨 먹어야 한다. 공복은 짧게, 포만감은 길게. 8주간의 기적 식단의 핵심이다.

2

WARMING UP

맨몸 스트레칭
& 준비 운동

목 스트레칭

목선이 늘어나며 약간 뻐근해지는 느낌이 들도록 실시한다.

1 양발을 어깨너비로 벌리고 선다. 양손을 머리 뒤에 얹은 다음, 양쪽 팔꿈치를 모으며 고개를 앞으로 숙인다.

2 한쪽 손을 머리 뒤에 얹고 머리를 옆으로 숙인다.

운동 효과

✓ 목 근육을 부드럽게 풀어주면 두통, 피로감을 없앨 수 있다.
✓ 혈액 순환이 좋아져 신진대사가 원활해진다.

🕐 **1세트 20회**
3세트

목

3 반대쪽도 똑같이 실시한다.

TIP
목의 앞쪽 근육을 늘리는 느낌으로 두 손을 위로 올린다.

4 두 손을 모아 엄지 손가락을 턱 아래에 붙인다. 두 손을 천천히 위로 올리며 머리를 뒤로 젖힌다.

팔+어깨 스트레칭

팔을 당길 때 몸이 따라서 기울어지지 않도록 주의한다. 상체는 고정시키고 팔만 당겨준다.

1 양발을 어깨너비로 벌리고 선다. 한쪽 팔을 머리 뒤로 굽힌 다음, 반대쪽 손으로 팔꿈치를 안쪽으로 천천히 당겨준다.

2 반대쪽도 똑같이 실시한다.

운동 효과

✓ 운동 전, 팔과 어깨 근육을 미리 풀어주어 부상을 줄여준다.
✓ 운동 수행 능력을 훨씬 높여준다.

🕐
**1세트 20회
3세트**

운동 부위

팔, 어깨

뻗은 팔을 안쪽으로 당길 때 어깨 바깥쪽 근육이 늘어나는 자극에 집중한다.

3 한쪽 팔을 몸 안쪽으로 뻗고 고개를 바깥쪽으로 돌린다. 뻗은 팔을 반대쪽 팔로 누르며 안쪽으로 당겨준다.

4 반대쪽도 똑같이 실시한다.

등+허리 스트레칭

이때 고개를 숙여 시선은 명치 쪽을 향한다. 목 뒤부터 등까지 근육이 늘어나는 느낌으로 실시한다.

1 양발을 모으고 상체를 세운 채 바로 선다. 두 손을 모아 명치 위에 얹는다.

2 등 쪽 날개뼈 사이를 늘이는 느낌으로 가슴을 안으로 밀어 넣으며 머리를 숙이고 양 팔을 앞으로 최대한 뻗는다.

3 양발을 어깨너비로 벌리고 선다. 두 팔을 깍지 낀 채 위로 쭉 뻗은 후, 왼쪽으로 천천히 숙인다.

운동 효과

✓ 날개뼈와 척추 주변 근육을 이완해 등 통증을 줄여준다.
✓ 꾸준히 실시하면 굽은 등을 곧게 펼 수 있다.

⏱ **1세트 20회**
3세트

운동 부위

등, 허리

등과 허리는 구부러지지 않게 바닥과 수평을 유지한다.

4 반대쪽도 똑같이 실시한다.

5 두 손을 모아 엉덩이 뒤에 얹는다.

6 양손을 천장 방향으로 올리며 상체를 앞으로 숙여준다.

하체 스트레칭 1

허벅지 안쪽이 늘어나며 약간 뻐근해지는 느낌이 들도록 무릎을 바깥으로 밀어준다.

1 다리를 넓게 벌리고 무릎을 살짝 굽힌 후, 두 손을 무릎 위에 얹는다. 한쪽 손으로 같은 방향의 무릎을 바깥쪽으로 밀어주며 동시에 상체를 반대쪽으로 비튼다.

2 반대쪽도 똑같이 실시한다.

52

운동 효과

✓ 허벅지 안쪽과 바깥쪽, 햄스트링 근육의 피로를 해소한다.
✓ 하체 운동 시 관절과 근육의 운동 범위를 늘려준다.

**1세트 20회
3세트**

운동 부위

하체

뻗은 쪽 다리의 무릎이 구부러지면 운동 효과가 떨어지므로 주의한다. 상체를 숙일 때 뻗은 다리의 허벅지 뒤쪽과 종아리 뒤쪽 근육이 뻐근하게 늘어나는 느낌이 들어야 한다.

3 한쪽 다리를 옆으로 뻗고 발끝을 바깥으로 향한다. 뻗은 다리 쪽으로 상체를 비틀고 발등을 향해 두 팔을 편 후, 양손이 발등 위에 닿을 때까지 상체를 천천히 90도로 숙인다.

4 반대쪽도 똑같이 실시한다.

하체 스트레칭 2

TIP
상체가 기울어지지 않게 하
체의 중심을 단단하게 잡아
준다.

1 한쪽 발을 뒤로 접고 서서 같은 쪽 손
으로 발등을 잡고 발등을 위로 당긴다.
허벅지 앞 근육이 뻐근하게 늘어나는
자극을 느끼며 실시한다.

2 반대쪽도 똑같이 실시한다.

운동 효과

✓ 평소에 잘 쓰지 않는 허벅지 앞쪽, 발목, 동시에 손목 근육까지 풀어주는 동작이다.
✓ 운동 집중력과 근력을 향상시킬 수 있다.

1세트 20회
3세트

운동 부위

하체

하체와 더불어, 팔목과 아래팔 근육도 부드럽게 풀어주는 동작이다.

3 한쪽 발꿈치를 세우고 양손은 깍지를 낀 채 가슴 앞에 둔다. 발꿈치를 바깥으로 돌리며 동시에 양쪽 팔목을 서로 반대 방향으로 돌린다.

4 반대쪽도 똑같이 실시한다.

하체 스트레칭 3

TIP
무릎 위에 반대쪽 발목을
얹을 때 서로 떨어지지 않
도록 신경 쓴다.

1 길쭉한 봉이나 기둥, 벽을 잡고 서서 양쪽 무릎
을 구부린다. 한쪽 다리를 반대쪽 무릎 위에 얹
고 상체를 앞으로 숙인 채 시선은 바닥을 향한
다. 엉덩이와 허벅지의 뒤쪽, 바깥쪽 근육을 늘
이는 느낌으로 상체와 엉덩이를 뒤로 쭉 뺀다.

엉덩이와 허벅지의 뒤
쪽, 바깥쪽 근육의 피로
를 풀어주는 동작이다.

2 반대쪽도 똑같이 실시한다.

✔ 엉덩이와 허벅지의 바깥쪽, 햄스트링 등 하체 후면까지 풀어주는 동작이다.

✔ 하체의 혈액 순환을 촉진시켜 붓기를 빼준다.

1세트 20회
3세트

운동 부위

하체

3 상체를 숙인 채 손깍지를 끼고 양팔을 바닥을 향해 쭉 편다. 한쪽 발꿈치를 위로 들면서 무릎을 굽힌다. 반대쪽 다리의 허벅지, 종아리, 엉덩이의 뒤쪽 근육을 늘이는 느낌으로 상체를 천천히 아래로 숙인다.

TIP
시선과 손바닥은 바닥을 향한다. 몸의 중심이 앞으로 쏠리지 않도록 주의한다.

엉덩이, 허벅지, 종아리의 뒤쪽 근육이 뭉쳤을 때 실시하면 좋은 동작이다.

4 반대쪽도 똑같이 실시한다.

벤치 버피테스트 1단계

1 스텝박스 앞에 양발을 어깨너비로
벌리고 선다.

2 허리를 숙여 양손은 스텝박스 위를 짚고
무릎은 살짝 굽힌다.

운동 효과

✓ 전신 체지방을 태우고 근력을 향상시킨다.
✓ 폐활량을 강화시킬 수 있다.

🕐
1세트 15회
3세트

운동 부위

전신

3 양쪽 다리만 동시에 점프하여 뒤로 쭉 뻗는다.

4 다시 양쪽 다리만 동시에 점프하여 몸 쪽으로
무릎을 끌어당긴 후 상체를 일으킨다.

59

벤치 버피테스트 2단계

1. 스텝박스 앞에 양발을 어깨너비로
   벌리고 선다.

2. 허리를 숙여 양손은 스텝박스 위를 짚고
   무릎은 살짝 굽힌다. 양쪽 다리만 동시
   에 점프하여 뒤로 쭉 뻗는다.

✓ 안쪽 킥 동작을 통해 운동 난이도와 칼로리 소모를 모두 높인다.
✓ 뱃살을 빼고 복근 및 코어 근육을 키울 수 있다.

운동 부위

전신

다리를 당길 때 허리가 구부러지면 안 된다. 복부에 힘을 주고 실시한다.

3 한쪽 무릎을 굽히며 가슴 쪽으로 끌어당긴다.

4 반대쪽도 똑같이 실시한다.

5 다시 양쪽 다리만 동시에 점프하여 몸 쪽으로 무릎을 끌어당긴 후 상체를 일으킨다.

벤치 버피테스트 3단계

1 스텝박스 앞에 양발을 어깨너비로
 벌리고 선다.

2 허리를 숙여 양손은 스텝박스 위를 짚고
 무릎은 살짝 굽힌다. 양쪽 다리만 동시
 에 점프하여 뒤로 쭉 뻗는다.

운동 효과

✓ 바깥쪽 킥 동작을 통해 옆구리 군살을 빼고 복부, 코어 근육을 키울 수 있다.

✓ 상하체 근육을 골고루 발달시키고 민첩성을 기를 수 있다.

🕐 **1세트 15회
3세트**

다리를 당길 때 허리가 구부러지면 안 된다. 복부에 힘을 주고 실시한다.

3 한쪽 무릎을 구부려서 같은 쪽 팔꿈치 방향으로 끌어올린다.

4 반대쪽 무릎도 똑같이 실시한다.

5 다시 양쪽 다리만 동시에 점프하여 몸 쪽으로 무릎을 끌어당긴 후 상체를 일으킨다.

사이드 밴드

운동 효과

✓ 척추기립근을 단련시킨다.
✓ 옆구리 군살을 제거하는 데 효과적이다.

⏱ **1세트 15회
3세트**

상체를 옆으로 숙일 때
골반이 옆으로 움직이
지 않도록 한다.

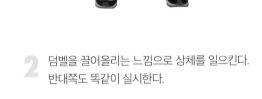

늘어나 있던 반대쪽 옆구리
를 강하게 수축시키는 느낌
으로 덤벨을 끌어올린다.

1 양발을 어깨너비로 벌리고 선다. 한 손에 덤벨
을 들고 반대쪽 손은 머리 뒤에 얹은 후, 덤벨을
든 방향으로 상체를 최대한 기울인다.

2 덤벨을 끌어올리는 느낌으로 상체를 일으킨다.
반대쪽도 똑같이 실시한다.

엘보우 플랭크

운동 부위

복부, 코어

운동 효과

✓ 복부, 코어 근육을 단련시킨다.

✓ 지구력을 길러주고 높은 칼로리를 소모할 수 있는 동작이다.

⏱ **1세트 15회
3세트**

1 양쪽 팔꿈치와 무릎을 바닥에 대고 엎드린다.

힘이 빠졌을 때 엉덩이가 위로 들리며 허리가 꺾이면 안 된다.

TIP
어깨를 팔꿈치보다 앞으로 밀어준다.

2 무릎을 펴며 다리를 뒤쪽으로 쭉 뻗고 엉덩이를 위로 들어 올린다. 배꼽을 몸 안쪽으로 보내는 느낌으로 허리를 살짝 말아 올리고, 팔꿈치로 몸을 지탱하며 자세를 유지한다.

사이드 엘보우 플랭크

운동 효과

✓ 복부, 코어 근육을 단련시킨다.

✓ 옆구리 근육과 팔 근육을 동시에 강화시킬 수 있다.

⏱ **1세트 15회**
3세트

1 한쪽 팔꿈치를 바닥에 대고
옆으로 눕는다.

중심이 잘 잡히지 않으면
양쪽 다리를 앞뒤로 벌려
서 실시하면 좋다.

2 다른 쪽 손은 허리에 얹은 후, 엉덩이를 최대한 위로 들
어 올린다. 정지한 상태로 1~2초를 유지하고 다시 천천
히 엉덩이를 내려준다. 반대쪽도 똑같이 실시한다.

크런치

운동 효과

✓ 복부 전체 지방을 완벽하게 제거할 수 있다.
✓ 늘어난 뱃살을 탄탄한 복근으로 바꿔준다.

⏱ **1세트 15회
3세트**

TIP
허리에 부담이 생기지 않도록 자신의 가동 범위에 맞게 실시한다.

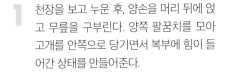

1 천장을 보고 누운 후, 양손을 머리 뒤에 얹고 무릎을 구부린다. 양쪽 팔꿈치를 모아 고개를 안쪽으로 당기면서 복부에 힘이 들어간 상태를 만들어준다.

복부에 힘이 살짝 들어간 상태를 유지하면서 동작을 반복하는 것이 포인트!

2 복근에 힘을 준 상태로 상체를 천천히 일으킨다. 정지한 상태로 1~2초를 유지하고 다시 천천히 상체를 내려준다.

벤치 니 업

운동 효과

✓ 복부, 특히 아랫배 지방을 제거하는 데 효과적이다.

✓ 복근, 코어 근육을 더욱 강하게 발달시키고 치골 라인이 선명해진다.

⏱ **1세트 20회**
3세트

상체가 앞뒤로 흔들리지 않도록 복부에 힘을 유지해야 한다.

TIP
다시 무릎을 가슴 쪽으로 끌어당길 때는 복부를 강하게 수축시키는 느낌으로 실시한다.

1 의자에 앉아 양손은 엉덩이 뒤쪽을 잡고, 양쪽 무릎을 굽혀 가슴 쪽으로 끌어당긴다.

2 무릎을 앞쪽으로 천천히 펴준다.

마운틴 클라이밍

운동 부위

전신

⏱ **1세트 20회**
3세트

운동 효과

✓ 짧은 시간 내에 칼로리 소모가 많은 동작이다.

✓ 복근, 코어 근육을 단련시키는 동시에 심폐지구력도 키울 수 있다.

1 양손으로 의자를 짚고 엎드린 후, 한 쪽 무릎을 가슴 쪽으로 힘차게 끌어 당긴다.

반복 동작을 실시할 때 허리가 구부러지지 않도록 주의한다.

2 달리기를 하듯 굽혔던 무릎을 다시 펴 주며 동시에 반대쪽 무릎을 힘차게 끌어당긴다. 양쪽 다리를 빠르게 교차시키며 반복적으로 빠르게 실시한다.

레그 레이즈

운동 효과

✓ 복부, 특히 아랫배 지방을 제거하는 데 효과적이다.

✓ 복근, 코어 근육을 더욱 강하게 발달시키고 치골 라인이 선명해진다.

⏱ **1세트 20회 3세트**

1 천장을 보고 누워 양손을 엉덩이 아래에 놓고 양쪽 다리를 살짝 들어 올린다.

2 복부에 힘을 주어 두 다리를 힘껏 들어 올린 후, 다시 천천히 내린다.

TIP
다리를 내릴 때는 바닥에 닿지 않아야 한다. 그래야 복부의 긴장을 유지할 수 있다.

브이 업

운동 효과

✓ 상복부, 중복부에 강한 자극을 주는 동작이다.

✓ 복근, 코어 근육을 더욱 강하게 수축시켜 칼로리 소모가 높다.

⏱ **1세트 20회
3세트**

1 천장을 보고 누운 채 양팔을 머리 위로 든다.

2 양쪽 다리와 팔을 위쪽으로 들어 올린 후,
다시 팔과 다리를 천천히 내린다.

TIP
팔과 다리를 내릴 때는 바닥에 닿지 않아야 한다. 그래야 복부의 긴장을 유지할 수 있다.

71

얼터네이트 니 업

운동 효과

✓ 옆구리 군살과 뱃살을 동시에 제거할 수 있다.
✓ 복근을 더욱 선명하게 만들어준다.

⏱ **1세트 20회
3세트**

머리를 조금 들어 올린 후 턱을 가슴 쪽으로 당겨주며 한쪽 무릎을 가슴 쪽으로 끌어당긴다. 시선은 배꼽 쪽으로 향하게 한다.

1 바닥에 누운 상태에서 한쪽 무릎을 가슴 쪽으로 끌어당긴 후 같은 쪽 손으로 감싸 안는다.

반대쪽 다리는 바닥에 닿지 않게 살짝 위로 들어 올린 상태를 유지한다.

2 굽혔던 무릎을 다시 펴주며 동시에 반대쪽 무릎을 힘차게 끌어당기고 같은 쪽 손으로 감싸 안는다. 이 동작을 반복적으로 빠르게 실시한다.

시저스 킥

운동 부위

복부

운동 효과

✓ 복부의 전면과 측면, 옆구리 지방을 모두 제거해주는 동작이다.

✓ 복근뿐만 아니라 허벅지 안쪽 근육에도 자극을 준다.

⏱ **1세트 20회**
3세트

시선은 배꼽 쪽으로
향하게 한다.

1 천장을 보고 누운 상태에서 양손은 엉덩이 아래에 놓는
다. 머리를 조금 들어 올린 후 턱을 가슴 쪽으로 당겨주
며 한쪽 무릎을 가슴 쪽으로 끌어당긴다.

반대쪽 다리는 바닥에 닿지 않
게 살짝 위로 들어 올린 상태
를 유지한다. 이때 허리에 무
리가 가지 않도록 주의한다.

2 굽혔던 무릎을 다시 펴주며 동시에 반대쪽 무릎을 힘차
게 끌어당긴다. 이 동작을 빠르게 반복적으로 실시한다.

73

3

MAIN
EXERCISE

8주간의 기적
요일별 운동법

1주차

운동 목표

1 1주 차는 기초 체력을 기르고 내 안의 운동 세포를 깨우는 단계이다.

2 비교적 난이도가 낮은 운동이지만 다치지 않게 주의해서 실시한다.

3 매일매일 공통 스트레칭 + 준비 운동 동작을 마친 후 운동을 실시한다.

공통 스트레칭

각 20회씩 × 3세트

p.46 참고

p.48 참고

p.50 참고

1. 목 스트레칭

2. 팔+어깨 스트레칭

3. 등+허리 스트레칭

p.52 참고

p.54 참고

p.56 참고

4. 하체 스트레칭 1

5. 하체 스트레칭 2

6. 하체 스트레칭 3

준비 운동

p.58 참고

1 벤치 버피테스트 1단계   ⏱ **15회씩 × 3세트**

p.64 참고

2 사이드 밴드   ⏱ **15회씩 × 3세트**

마무리 운동   공통 스트레칭 - 1주 차 준비 운동 - 각 요일별 운동을 끝낸 후, 유산소 운동으로 마무리한다.

유산소 20분 이상 → 가볍게 걷기, 계단 오르기, 사이클 등 가능한 유산소 선택해서 실시

맨손 굿모닝

운동 효과

✓ 등, 엉덩이, 다리의 뒤태 라인을 탄력 있게 다듬어준다.

✓ 허리 통증을 완화시켜준다.

⏱ **1세트 20회**
3세트

> **TIP**
> 가슴이 지면과 수평이 될 때까지 상체를 숙인다. 이때 등과 허리, 엉덩이와 허벅지 뒤쪽 근육이 늘어나는 자극을 느낀다.

허리와 무릎을 구부리면 운동 효과가 떨어지므로 주의한다.

> **TIP**
> 양손을 머리 뒤에 얹은 모습

1 양손을 머리 뒤에 얹고 양발을 어깨너비보다 좁게 벌리고 선다. 상체를 펴고 엉덩이를 살짝 뒤로 빼준다.

2 등과 허리의 긴장을 유지하며 상체를 천천히 90도로 숙인다.

스퀴트(의자)

운동 효과

✓ 엉덩이 근육을 효과적으로 발달시킬 수 있다.

✓ 의자 없이 실시할 때보다 난이도가 낮다.

⏱ **1세트 20회**
3세트

TIP
발은 편한 방향으로 둔다. 꼭 11자가 아니어도 상관없다.

의자에 엉덩이가 닿으면 바로 일어나야 한다.

1 의자는 등 뒤에 두고 양손을 머리 뒤에 얹은 후, 양발을 어깨너비보다 좁게 벌리고 선다.

2 가슴을 편 채로 무릎을 구부리며 천천히 앉는다. 의자가 엉덩이에 닿으면 발바닥으로 바닥을 강하게 밀어내며 다시 일어선다.

밴드 레그 킥

운동 효과

✓ 엉덩이 전체 근육을 골고루 발달시켜주는 운동이다.

✓ 탄력 있는 애플 힙 라인을 만들 수 있다.

⏱ **1세트 20회**
3세트

TIP
밴드는 무릎 위에 위치시키고 흘러내리지 않도록 주의한다.

TIP
반대쪽 동작 자세

1 양쪽 다리에 밴드를 낀 채 의자를 짚고 선다.

2 한쪽 다리를 뒤로 길게 뻗은 후 천천히 제자리로 돌아온다.

시티드 밴드 어브덕션

운동 효과

✓ 엉덩이 위쪽 근육을 단련시킨다.

✓ 골반 안정화에 도움을 주는 운동이다.

⏱ **1세트 20회**
3세트

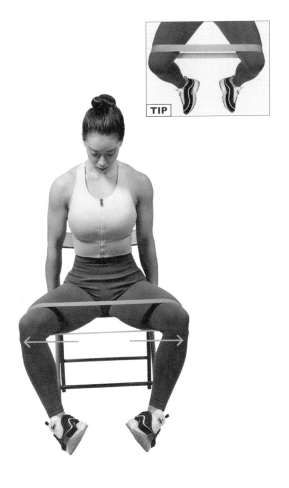

TIP

상체가 구부러지지 않게 주의한다. 엉덩이를 살짝 뒤로 빼주면 좋다.

1 양쪽 다리에 밴드를 낀 채 의자 끝에 엉덩이를 대고 앉는다. 양손은 의자를 잡고 상체는 곧게 세운 상태에서 앞으로 살짝 숙인다.

2 양발을 모은 상태에서 무릎을 최대한 넓게 벌린 후, 다시 무릎을 모은다.

한쪽 무릎 구부리고 덤벨 원 레그 데드리프트

운동 부위

하체

운동 효과

✓ 덤벨로 하는 원 레그 데드리프트 중 난이도가 낮은 동작이다.
✓ 다리 뒤쪽 근육과 엉덩이 근육에 자극을 준다.

⏱ **1세트 20회 3세트**

TIP
반대쪽 다리 동작

양쪽 무릎과 허리가 구부러지지 않게 주의한다.

1 양손에 덤벨을 들고 양발은 어깨 너비보다 좁게 선다.

2 한쪽 무릎은 구부리고 반대쪽 무릎은 최대한 편 채 상체를 천천히 앞으로 숙인 다음, 다시 상체를 들어 올린다. 3세트 후 반대쪽도 똑같이 실시한다.

백 익스텐션

운동 부위

척추기립근

운동 효과

✓ 상체 코어 근육, 척추 기립근을 단련시킨다.

✓ 전신 체지방 제거와 힙업에 도움을 준다.

⏱ **1세트 20회**
3세트

1 양팔을 머리 위로 편 채 바닥에 엎드린다.

너무 빠르게 하지 말고 천천히, 자신의 가동 범위에 맞게 실시한다.

2 양팔과 상체를 동시에 들어 올린 후, 다시 천천히 상체를 내린다.

고양이 자세 한쪽 로테이션

운동 효과

✓ 뭉친 등과 어깨를 풀어주는 운동이다.

✓ 허리 통증을 완화시켜준다.

⏱ **1세트 20회**
3세트

1 양손과 무릎을 바닥에 대고 고양이 자세를 취한다. 한쪽 손을 머리 뒤에 얹고 상체를 안쪽으로 살짝 비튼다.

상체를 회전시킬 때 시선은 팔꿈치를 향한다.

2 팔꿈치를 위로 들어 올리면서 상체를 바깥으로 회전시킨다. 3세트 후 반대쪽도 똑같이 실시한다.

TIP
허리에 무리가 가지 않도록 자신의 가동 범위에 맞게 실시한다.

1 주 차
화요일

백 익스텐션(벽)

운동 효과

✓ 허리 통증을 줄여주고 근육을 단련시켜준다.

✓ 상체 후면 전체에 자극을 주는 운동이다.

⏱ **1세트 20회**
3세트

TIP

등에 자극이 잘 오도록 가슴을 쭉 펴고 허리가 구부러지지 않도록 주의한다.

이때 발은 벽에서 한 발 떨어진 곳에 위치한다.

1 양손을 머리 뒤에 얹은 후 벽에 엉덩이를 대고 양발을 어깨너비로 벌리고 선다. 양쪽 팔꿈치를 모으면서 상체를 말아 숙인다.

2 양쪽 팔꿈치를 벌리며 천천히 상체를 곧게 편다.

밴드 풀 오버

운동 효과

✓ 팔과 등 전체 근육에 자극을 준다.

✓ 등 스트레칭 효과가 있으며 매끈한 등 라인을 만들어준다.

⏱ **1세트 20회**
3세트

밴드를 당길 때 상체가 구부러지면 안 된다. 이때 허리는 편 상태에서 가슴을 살짝 위로 들어준다.

1 밴드를 자신의 키보다 높은 곳에 고정시킨 후, 밴드가 살짝 팽팽해지도록 상체를 앞으로 숙인다.

2 양팔을 펴며 밴드를 허벅지 쪽으로 당긴다.

1 주차
수요일

덤벨 스티프 데드리프트

운동 부위

햄스트링

운동 효과

✓ 등, 하체 근육을 한 번에 단련시킨다.
✓ 엉덩이와 허벅지 뒤쪽에 강한 자극을 준다.

⏱ **1세트 20회**
3세트

허리가 구부러지지 않게 주의한다. 무릎을 많이 구부리면 운동 효과가 떨어진다.

TIP
덤벨은 무릎 아래까지만 내린다. 무릎은 살짝 구부린다.

1 양손에 덤벨을 들고 양발은 어깨너비보다 좁게 선다.

2 상체와 팔꿈치를 곧게 편 상태에서 앞으로 숙인다. 이때 덤벨은 허벅지를 쓸어내리는 느낌으로 무릎 아래까지 내린다. 다시 천천히 덤벨로 허벅지를 쓸어 올리며 상체를 세운다.

맨손 굿모닝

운동 효과

✓ 등, 엉덩이, 다리의 뒤태 라인을 탄력 있게 다듬어준다.
✓ 허리 통증을 완화시켜준다.

🕐 **1세트 20회**
3세트

TIP
가슴이 지면과 수평이 될 때까지 상체를 숙인다. 이때 등과 허리, 엉덩이와 허벅지 뒤쪽 근육이 늘어나는 자극을 느낀다.

허리와 무릎을 구부리면 운동 효과가 떨어지므로 주의한다.

TIP
[2번→1번]에서 근육의 긴장을 잃지 않도록 허리를 완전히 다 펴지 않는다.

1 양손을 머리 뒤에 얹고 양발을 어깨너비보다 좁게 벌리고 선다. 상체를 펴고 엉덩이를 살짝 뒤로 빼준다.

2 등과 허리의 긴장을 유지하며 상체를 천천히 90도로 숙인다.

덤벨 레그 컬

운동 효과

✓ 허벅지 뒤쪽 근육을 집중적으로 단련시킨다.

✓ 엉덩이에도 자극을 주어 힙업에도 도움이 된다.

⏱ **1세트 20회**
3세트

1 바닥에 엎드린 상태에서 양발로 덤벨을 잡고 양쪽 무릎을 살짝 구부린다.

TIP

덤벨이 떨어지지 않도록 두 발로 견고하게 잡는다. 이때 무리하게 무거운 덤벨을 사용하지 않는다.

2 양쪽 무릎을 구부려 덤벨을 엉덩이 쪽으로 끌어당긴다.

TIP

[2번→1번]에서 근육의 긴장을 잃지 않도록 무릎을 완전히 다 펴지 않는다.

제자리 런지

운동 효과

✓ 하체 근력, 균형 감각을 향상시킨다.
✓ 엉덩이, 허벅지 군살 제거에 도움을 준다.

⏱ **1세트 20회**
3세트

TIP
가슴은 정면을 향한다. 양손은 편하게 두어도 좋다.

무릎을 구부릴 때 무릎이 발끝을 넘지 않도록 주의한다.

TIP
반대쪽 동작 모습

1 양발을 앞뒤로 넓게 벌리고 선다. 이때 발의 끝은 정면을 향한다.

2 몸을 아래로 누르는 느낌으로 양쪽 무릎을 구부린다. 양쪽 다리를 번갈아 실시한다.

밴드 어깨 로테이션

운동 부위

어깨

운동 효과

✓ 어깨 앞뒤 근육을 회전시켜 어깨 근력을 키울 수 있다.

✓ 굽은 등과 어깨를 펴주는 동작이다.

⏱ **1세트 20회**
3세트

팔꿈치가 앞뒤로 움직이지 않도록 고정시킨 상태에서 가슴을 펴고 실시한다.

TIP

이때 손바닥을 천장 방향으로 향하게 하고 팔꿈치를 직각으로 만든다.

1 양손에 밴드를 잡고 선다.

2 팔꿈치를 옆구리에 위치시킨 채, 양손을 양옆으로 벌리며 천천히 밴드를 당긴다.

밴드 사이드 래터럴 레이즈

운동 부위

어깨

운동 효과

✓ 어깨 삼각근에 자극을 주어 근육을 키울 수 있다.

✓ 군살 없는 어깨 라인과 날렵한 쇄골 라인을 만들어준다.

⏱ **1세트 20회**
3세트

팔과 팔꿈치가 구부러지
지 않도록 주의한다.

1 양손에 밴드를 잡은 채 밴드의 가운데를
밟고 선다.

2 양팔을 몸에서 멀리 보내듯이 어깨 높이까
지 밴드를 끌어당긴다.

무릎 대고 푸시업

운동 효과

✓ 어깨와 가슴 근육을 탄탄하게 키울 수 있다.

✓ 무릎으로 지지하기 때문에 난이도가 낮다.

⏱ **1세트 20회**
3세트

양손은 너무 넓거나
좁게 놓지 않는다.

1 팔꿈치를 편 채 바닥에 엎드린다. 이때 무릎은
구부린 상태에서 교차시킨다.

2 팔꿈치를 천천히 구부리면서 양손이 가슴 옆에
위치할 때까지 상체를 내린다.

덤벨 킥 백

운동 효과

✓ 팔의 뒤쪽 근육을 골고루 단련시킨다.

✓ 출렁이는 살을 제거하고 탄탄하고 매끈한 팔 라인을 만들 수 있다.

🕐 **1세트 20회**
3세트

팔꿈치를 과도하게 움직이게 되면 운동 효과가 떨어진다. 삼두근의 긴장을 느끼며 천천히 실시한다.

1 양손에 덤벨을 들고 서서 상체를 앞으로 숙인다. 이때 팔꿈치를 옆구리에 위치시킨다.

2 팔꿈치를 고정시킨 상태에서 양팔을 뒤로 펴며 덤벨을 등 위로 끌어 올린다.

맨손 굿모닝

운동 효과

✓ 등, 엉덩이, 다리의 뒤태 라인을 탄력 있게 다듬어준다.

✓ 허리 통증을 완화시켜준다.

⏱ **1세트 20회**
3세트

TIP
가슴이 지면과 수평이 될 때까지 상체를 숙인다. 이때 등과 허리, 엉덩이와 허벅지 뒤쪽 근육이 늘어나는 자극을 느낀다.

허리와 무릎을 구부리면 운동 효과가 떨어지므로 주의한다.

TIP
상체를 세웠을 때는 근육의 긴장을 잃지 않도록 허리를 완전히 다 펴지 않는다.

1 양손을 머리 뒤에 얹고 양발을 어깨너비보다 좁게 벌리고 선다. 상체를 펴고 엉덩이를 살짝 뒤로 빼준다.

2 등과 허리의 긴장을 유지하며 상체를 천천히 90도로 숙인다.

워킹 런지

운동 부위

하체

운동 효과

✓ 하체 근력, 균형 감각을 향상시킨다.

✓ 엉덩이, 허벅지 군살 제거에 도움을 준다.

⏱ **1세트 20회**
3세트

TIP
반대쪽 다리 동작

1 양손을 허리에 얹고 양발을 모으고 선다.

2 한쪽 발을 앞으로 내딛으면서 양쪽 무릎을 구부린다. 다시 무릎을 펴면서 1번 자세로 돌아온다. 양쪽 다리를 번갈아 실시한다.

스쿼트(의자)

운동 효과

✓ 엉덩이 전체 근육을 골고루 발달시켜주는 운동이다.
✓ 탄력 있는 애플 힙 라인을 만들 수 있다.

⏱ **1세트 20회
3세트**

TIP
발은 편한 방향으로 둔
다. 꼭 11자가 아니어도
상관없다.

의자에 엉덩이가 닿으면
바로 일어나야 한다.

1 의자는 등 뒤에 두고 양손을 머리 뒤에 얹
은 후, 양발을 어깨너비보다 좁게 벌리고
선다.

2 가슴을 편 채로 무릎을 구부리며 천천히
앉는다. 의자가 엉덩이에 닿으면 발바닥으
로 바닥을 강하게 밀어내며 다시 일어선다.

토탈힙

1 바닥에 양손과 무릎을 대고 엎드린다.

2 한쪽 다리를 가슴 쪽으로 살짝 당긴다.

운동 효과

✓ 엉덩이 전체 근육을 골고루 발달시켜주는 운동이다.

✓ 탄력 있는 애플 힙 라인을 만들 수 있다.

⏱ **1세트 20회
3세트**

운동 부위

엉덩이

상체가 들리거나 허리가 구부러지
지 않도록 복부에 힘을 준 상태로
동작을 실시한다. 허리가 과도하게
꺾여 아치 모양으로 휘어지면 부상
을 입을 수 있으므로 주의한다.

3 한쪽 다리를 천장 방향으로 곧게 들어 올린다.
천천히 버티면서 2번 자세로 돌아온다. 3세트
후 반대쪽도 똑같이 실시한다.

2주차

운동 목표

1 2주 차는 1주 차보다 더 많은 자극을 근육에 주는 단계이다.

2 마음을 조급하게 먹지 말고 꾸준히 운동과 식단을 지속하도록 한다.

3 매일매일 공통 스트레칭 + 준비 운동 동작을 마친 후 운동을 실시한다.

공통 스트레칭

⏱ 각 20회씩 × 3세트

1. 목 스트레칭	2. 팔+어깨 스트레칭	3. 등+허리 스트레칭

p.46 참고 → p.48 참고 → p.50 참고 →

4. 하체 스트레칭 1	5. 하체 스트레칭 2	6. 하체 스트레칭 3

p.52 참고 → p.54 참고 → p.56 참고

1 벤치 버피테스트 1단계

p.58 참고

⏱ 15회씩 × 3세트

2 벤치 버피테스트 2단계

p.60 참고

⏱ 15회씩 × 3세트

3 사이드 밴드

p.64 참고

⏱ 15회씩 × 3세트

4 엘보우 플랭크

p.65 참고

⏱ 15회씩 × 3세트

5 크런치 ⏱ **15회씩 × 3세트**

마무리 운동 공통 스트레칭 - 2주 차 준비 운동 - 각 요일별 운동을 끝낸 후, 유산소 운동으로 마무리한다.

유산소 20분 이상 → 가볍게 걷기, 계단 오르기, 사이클 등 가능한 유산소 선택해서 실시

덤벨 프런트 레이즈

어깨 전면

운동 효과

✓ 어깨 바깥쪽 근육에 집중적으로 자극을 준다.
✓ 어깨 양쪽 끝 라인을 매끄럽게 다듬어주는 운동이다.

⏱ **1세트 20회**
3세트

팔꿈치가 구부러지지 않
도록 주의한다. 또한 동
작을 너무 빠르게 실시하
지 않는다.

TIP

손바닥이 허벅지
쪽을 향하도록 덤
벨을 쥔다.

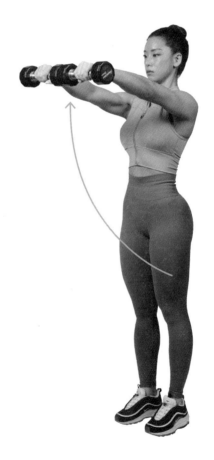

TIP

[2번→1번]에서 허벅지에
닿기 직전까지 덤벨을 내
려야 운동 효과가 좋다.

1 양손에 덤벨을 들고 선다. 양쪽 덤벨은
허벅지 앞에 위치시킨다.

2 덤벨을 눈높이까지 들어 올린다.

시티드 덤벨 밴트 오버 래터럴 레이즈

운동 부위

어깨 후면

운동 효과

✓ 어깨 후면을 발달시키는 데 도움이 된다.

✓ 무리하지 말고 적당한 무게로 실시해야 효과가 높다.

⏱ **1세트 20회
3세트**

상체는 최대한 고정시킨다.

1 양손에 덤벨을 들고 의자 끝에 앉는다. 상체가 허벅지에 닿을 정도로 앞으로 숙이고 양팔은 허벅지 아래로 내린다.

TIP
날개뼈는 최대한 움직이지 않는다.

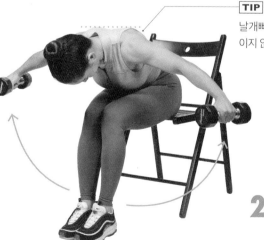

팔이 어깨보다 뒤로 가지 않도록 주의한다.

2 덤벨을 살짝 어깨 쪽으로 던지는 느낌으로 양팔을 들어 올린다.

시티드 덤벨 숄더 프레스

운동 효과

✓ 어깨와 팔의 근력을 향상시킨다.

✓ 어깨 양쪽 끝 라인을 매끄럽게 다듬어주는 운동이다.

⏱ **1세트 20회**
3세트

 팔꿈치를 직각 상태로 만들어야 운동 효과가 높다.

덤벨을 들어 올릴 때 손목이 꺾이거나 허리가 구부러지면 안 된다. 복부에도 힘이 빠지지 않도록 주의한다.

1 양손에 덤벨을 들고 의자에 앉는다. 팔꿈치를 구부려 덤벨을 양쪽 귀 높이에 위치하도록 한다.

2 덤벨을 수직으로 들어 올린다.

밴드 킥 백

운동 부위

상완삼두근

운동 효과

✓ 팔의 뒤쪽 근육을 골고루 단련시킨다.

✓ 출렁이는 살을 제거하고 탄탄하고 매끈한 팔 라인을 만들 수 있다.

⏱ **1세트 20회**
3세트

팔이 상체와 떨어지지 않도록 팔꿈치는 허리에 위치시키고 직각 상태를 유지한다.

1 밴드를 자신의 무릎 정도 높이에 고정시킨 후, 밴드가 살짝 팽팽해지도록 양손으로 잡고 상체를 앞으로 숙인다.

[2번→1번]에서 팔의 긴장이 풀려 밴드가 느슨해지지 않도록 주의한다.

2 양팔을 뒤로 펴며 밴드를 허벅지 쪽으로 잡아당긴다.

힙 브릿지

운동 부위

척추기립근,
엉덩이,
햄스트링

운동 효과

✓ 코어 근육을 강화시키고 힙업에 도움이 된다.

✓ 골반을 교정하고 무릎, 허리 통증까지 줄여준다.

⏱ **1세트 20회**
3세트

1 바닥에 누워 양쪽 무릎을 구부리고 양발을 어깨너비로 벌린다. 이때 양손은 엉덩이 옆에 위치시킨다.

2 엉덩이를 천장 방향으로 최대한 높이 들어 올리고 1초 정도 멈춘다. 다시 천천히 엉덩이를 바닥에 닿기 직전까지 내린다.

TIP

[2번→1번]에서 엉덩이가 바닥에 털썩 떨어지면 안 된다. 엉덩이가 바닥에 닿기 직전에 다시 엉덩이를 들어 올리는 것이 포인트! 동작이 너무 빨라지지 않도록 주의한다.

스쿼트(의자)

운동 효과

✓ 엉덩이 근육을 효과적으로 발달시킬 수 있다.

✓ 의자 없이 실시할 때보다 난이도가 낮다.

⏱ **1세트 20회**
3세트

TIP
발은 편한 방향으로 둔
다. 꼭 11자가 아니어도
상관없다.

의자에 엉덩이가 닿으면
바로 일어나야 한다.

1 의자는 등 뒤에 두고 양손을 머리 뒤에 얹
은 후, 양발을 어깨너비보다 좁게 벌리고
선다.

2 가슴을 편 채로 무릎을 구부리며 천천히
앉는다. 의자에 엉덩이가 닿으면 발바닥으
로 바닥을 강하게 밀어내며 다시 일어선다.

2주차
화요일

제자리 런지

운동 효과

✓ 하체 근력, 균형 감각을 향상시킨다.

✓ 엉덩이, 허벅지 군살 제거에 도움을 준다.

⏱ **1세트 20회**
3세트

가슴은 정면을 향
한다. 양손은 편하
게 두어도 좋다.

TIP
반대쪽 다리 동작

1 양쪽 발을 앞뒤로 넓게 벌리고 선다.
이때 발의 끝은 정면을 향한다.

2 몸을 아래로 누르는 느낌으로 양쪽 무릎을 구
부린다. 다시 무릎을 펴고 천천히 1번 자세로
돌아온다. 양쪽 다리를 번갈아 실시한다.

맨손 굿모닝

운동 부위

엉덩이,
햄스트링,
척추기립근

운동 효과

✓ 등, 엉덩이, 다리의 뒤태 라인을 탄력 있게 다듬어준다.
✓ 허리 통증을 완화시켜준다.

⏱ **1세트 20회**
3세트

TIP
가슴이 지면과 수평이 될 때까지 상체를 숙인다. 이때 등과 허리, 엉덩이와 허벅지 뒤쪽 근육이 늘어나는 자극을 느낀다.

허리와 무릎을 구부리면 운동 효과가 떨어지므로 주의한다.

TIP
[2번→1번]에서 근육의 긴장을 잃지 않도록 허리를 완전히 다 펴지 않는다.

1 양손을 머리 뒤에 얹고 양발을 어깨너비보다 좁게 벌리고 선다. 상체를 펴고 엉덩이를 살짝 뒤로 빼준다.

2 등과 허리의 긴장을 유지하며 상체를 천천히 90도로 숙인다.

111

한쪽 무릎 구부리고
덤벨 원 레그 데드리프트

TIP
손바닥이 허벅지
쪽을 향하도록 덤
벨을 쥔다.

허리가 구부러지지
않게 주의한다.

1 양손에 덤벨을 들고 양발은 어깨너비
보다 좁게 선다.

2 한쪽 무릎은 구부리고 반대편 무릎은 최대
한 편 채 상체를 천천히 앞으로 숙인다.

운동 효과

✓ 덤벨로 하는 원 레그 데드리프트 중 난이도가 낮은 동작이다.
✓ 다리 뒤쪽 근육과 엉덩이 근육에 자극을 준다.

⏱ **1세트 20회**
3세트

운동 부위

하체

3 다시 상체를 들어 올린다. 3세트 후 반대쪽
무릎도 똑같이 실시한다.

TIP 반대쪽 다리 동작

밴드 풀 오버

운동 효과

✓ 팔과 등 전체 근육에 자극을 준다.
✓ 등 스트레칭 효과가 있으며 매끈한 등 라인을 만들어준다.

⏱ **1세트 20회**
3세트

45°

밴드를 당길 때 상체가 구
부러지면 안 된다. 이때 허
리는 편 상태에서 가슴을
살짝 위로 들어준다.

1 밴드를 자신의 키보다 높은 곳에 고정시킨
후, 밴드가 살짝 팽팽해지도록 양손으로 잡
고 상체를 앞으로 숙인다.

2 양팔을 뒤로 펴며 밴드를 허벅지 쪽으로 잡
아당긴다.

덤벨 밴트 오버 로우

운동 효과

✓ 등 전체 근육을 골고루 발달시킨다.
✓ 등의 군살을 제거하고 근육을 선명하게 만든다.

⏱ **1세트 20회
3세트**

덤벨을 들어 올릴 때 양쪽 날개뼈가 맞닿을 정도로 가슴과 허리를 최대한 편다. 그래야 등 근육에 자극이 잘 온다.

TIP
덤벨을 쥘 때 양쪽 덤벨이 서로 마주 보도록 한다.

1 양손에 덤벨을 들고 서서 덤벨이 무릎 높이에 위치하도록 상체를 앞으로 숙인다.

2 가슴을 펴면서 동시에 팔꿈치를 구부리고 덤벨을 옆구리 높이까지 들어 올린다.

원 암 덤벨 로우

운동 효과

✓ 등 근육과 어깨 근육을 동시에 단련시킨다.
✓ 등의 불필요한 지방을 제거하고 슬림한 뒤태를 만들어준다.

⏱ **1세트 20회
3세트**

동작을 실시할 때 허리를
과도하게 돌리지 않는다.

1 무릎을 바닥에 대고 엎드려
한 손은 덤벨을 잡는다.

동작을 반복하는 동안 가
슴을 움츠리지 않도록 주
의한다. 가슴을 쭉 펴야
등에 자극이 잘 온다.

2 팔꿈치가 직각이 될 때까지 덤벨을 위로 들어
올린다. 3세트 후 반대쪽도 똑같이 실시한다.

덤벨 스티프 데드리프트

운동 부위

하체

운동 효과

✓ 등, 하체 근육을 한 번에 단련시킨다.
✓ 엉덩이와 허벅지 뒤쪽에 강한 자극을 준다.

⏱ **1세트 20회**
3세트

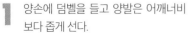

상체를 세울 때 허리가 구부러지지 않게 주의한다. 무릎을 많이 구부리면 운동 효과가 떨어진다.

TIP
2번 동작의 정면 모습. 덤벨을 과도하게 아래로 내리지 않는다. 무릎은 살짝만 굽힌다.

1 양손에 덤벨을 들고 양발은 어깨너비보다 좁게 선다.

2 상체와 팔꿈치를 곧게 편 상태에서 앞으로 숙인다. 이때 덤벨은 허벅지를 쓸어내리는 느낌으로 무릎 아래까지 내린다. 다시 천천히 덤벨로 허벅지를 쓸어 올리며 상체를 세운다.

무릎 대고 푸시업

운동 효과

✓ 어깨와 가슴 근육을 탄탄하게 키울 수 있다.

✓ 무릎으로 지지하기 때문에 난이도가 낮다.

⏱ **1세트 20회**
3세트

양손은 너무 넓거나
좁게 놓지 않는다.

1 팔꿈치를 편 채 바닥에 엎드린다. 이때 무릎은
구부린 상태에서 교차시킨다.

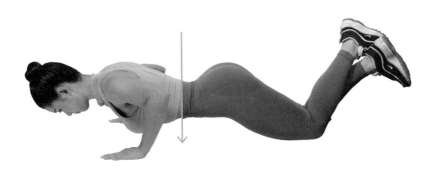

2 팔꿈치를 천천히 구부리면서 양손이 가슴 옆에
위치할 때까지 상체를 내린다.

밴드 오버 헤드 익스텐션

운동 부위

상완삼두근

운동 효과

✓ 팔 위쪽의 후면 근육을 집중적으로 단련시킨다.

✓ 출렁이는 살을 제거하고 탄탄하고 매끈한 팔 라인을 만들 수 있다.

⏱ **1세트 20회**
3세트

양쪽 팔꿈치가 벌어지지 않도록 주의한다.

1 밴드를 자신의 키보다 낮은 높이에 고정시킨 후, 밴드가 살짝 팽팽해지도록 양손으로 잡고 머리 뒤에 위치시킨다.

2 양팔을 귀에 붙인 상태로 팔꿈치를 펴서 밴드를 머리 위쪽으로 끌어당긴다.

밴드 킥 백

운동 효과

✓ 팔의 뒤쪽 근육을 골고루 단련시킨다.

✓ 출렁이는 살을 제거하고 탄탄하고 매끈한 팔 라인을 만들 수 있다.

⏱ **1세트 20회
3세트**

팔이 상체와 떨어지지 않도록 팔꿈치는 허리에 위치시키고 직각 상태를 유지한다.

[2번→1번]에서 팔의 긴장이 풀려 밴드가 느슨해지지 않도록 주의한다.

1 밴드를 자신의 무릎 정도 높이에 고정시킨 후, 밴드가 살짝 팽팽해지도록 양손으로 잡고 상체를 앞으로 숙인다.

2 양팔을 뒤로 펴며 밴드를 허벅지 쪽으로 잡아당긴다.

벤치 딥스

운동 효과

✓ 팔 위쪽의 후면 근육에 강한 자극을 준다.

✓ 팔뿐만 아니라 어깨, 가슴 근육도 동시에 단련시킨다.

⏱ **1세트 20회
3세트**

반복 동작을 실시할 때 허리가 구부러지지 않도록 주의한다.

1 의자 끝에 걸터앉아 양손은 엉덩이 너비만큼 벌려 의자를 짚는다. 양발을 살짝 구부린 다음 엉덩이를 의자에서 뗀다.

2 양쪽 팔꿈치를 구부려 상체를 천천히 바닥 방향으로 내린다.

121

스텝박스 한 발 오르기

운동 효과

✓ 전신 근육을 골고루 자극시키고 체지방을 빼준다.
✓ 하체 근력을 집중적으로 강화시킨다.

⏱ **1세트 20회**
3세트

몸의 중심이 뒤로 쏠리지
않도록 주의한다.

계단에서 실시해도 좋다.
단, 처음부터 너무 높은
높이로 실시하지 않는다.

TIP
반대쪽 다리 동작. 반드
시 한 방향씩 실시한다.

1 한쪽 발을 스텝박스에 올려놓는다. 양팔은
팔꿈치를 구부린 상태에서 스텝박스에 올
린 발의 반대쪽 팔을 위로 올려둔다.

2 무릎을 굽히며 몸을 위로 들어 올렸다가 내
린다. 동시에 양쪽 팔을 앞뒤로 흔들어준다.
3세트 후 반대쪽 다리도 똑같이 실시한다.

워킹 런지(스텝박스)

운동 효과

✓ 하체 근력, 균형 감각을 향상시킨다.
✓ 엉덩이, 허벅지 군살 제거에 도움을 준다.

⏱ **1세트 20회**
3세트

다리를 구부릴 때 무릎이 발끝을 넘어가지 않도록 주의한다.

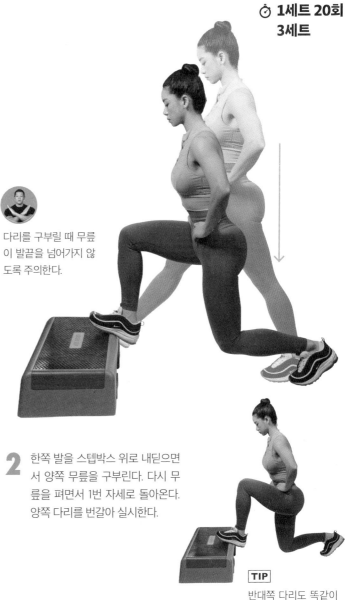

2 한쪽 발을 스텝박스 위로 내딛으면서 양쪽 무릎을 구부린다. 다시 무릎을 펴면서 1번 자세로 돌아온다. 양쪽 다리를 번갈아 실시한다.

1 스텝박스의 한 발 뒤쪽에서 양손을 허리에 얹고 양발을 모으고 선다.

TIP
반대쪽 다리도 똑같이 실시한다.

덤벨 레그 컬

운동 효과

✓ 허벅지 뒤쪽 근육을 집중적으로 단련시킨다.

✓ 엉덩이에도 자극을 주어 힙업에도 도움이 된다.

⏱ **1세트 20회
3세트**

1 바닥에 엎드린 상태에서 양발로 덤벨을 잡고 양쪽 무릎을 살짝 구부린다.

2 양쪽 무릎을 구부려 덤벨을 엉덩이 쪽으로 끌어당긴다.

TIP
[2번→1번]에서 무릎을 펼 때, 근육의 긴장을 잃지 않도록 무릎을 완전히 다 펴지 않는다.

덤벨 스티프 데드리프트

운동 효과

✓ 등, 하체 근육을 한 번에 단련시킨다.
✓ 엉덩이와 허벅지 뒤쪽에 강한 자극을 준다.

⏱ **1세트 20회**
3세트

허리가 구부러지지 않게 주의한다. 무릎을 많이 구부리면 운동 효과가 떨어진다.

TIP

덤벨을 과도하게 아래로 내리지 않는다. 무릎은 살짝만 굽힌다.

1 양손에 덤벨을 들고 양발은 어깨너비보다 좁게 선다.

2 상체와 팔꿈치를 곧게 편 상태에서 앞으로 숙인다. 이때 덤벨은 허벅지를 쓸어내리는 느낌으로 무릎 아래까지 내린다. 다시 천천히 덤벨로 허벅지를 쓸어 올리며 상체를 세운다.

3주 차

운동 목표

1 3주 차는 몸의 전체적인 밸런스를 생각하며, 약한 부분들을 단련시키는 단계이다.

2 체지방이 연소되고 근육이 생성되고 있으므로 난이도를 조금씩 높인다.

3 매일매일 공통 스트레칭 + 준비 운동 동작을 마친 후 운동을 실시한다.

공통 스트레칭

⏱ 각 20회씩 × 3세트

p.46 참고

p.48 참고

p.50 참고

1. 목 스트레칭

2. 팔+어깨 스트레칭

3. 등+허리 스트레칭

p.52 참고

p.54 참고

p.56 참고

4. 하체 스트레칭 1

5. 하체 스트레칭 2

6. 하체 스트레칭 3

준비 운동

1 벤치 버피테스트 2단계

p.60 참고

⏱ 15회씩 × 3세트

2 벤치 버피테스트 3단계

p.62 참고

⏱ 15회씩 × 3세트

3 ___ 사이드 밴드

p.64 참고

⏱ 15회씩 × 3세트

4 ___ 엘보우 플랭크

p.65 참고

⏱ 15회씩 × 3세트

p.67
참고

5 크런치

🕐 15회씩 × 3세트

마무리 운동 공통 스트레칭 - 3주 차 준비 운동 - 각 요일별 운동을 끝낸 후, 유산소 운동으로 마무리한다.

유산소
20분 이상 → 가볍게 걷기, 계단 오르기, 사이클 등 가능한 유산소 선택해서 실시

밴드 풀 오버

운동 효과

✓ 팔과 등 전체 근육에 자극을 준다.

✓ 등 스트레칭 효과가 있으며 매끈한 등 라인을 만들어준다.

⏱ **1세트 20회**
3세트

밴드를 당길 때 상체가 구부러지면 안 된다. 이 때 허리는 편 상태에서 가슴을 살짝 위로 들어 준다.

1 밴드를 자신의 키보다 높은 곳에 고정시킨 후, 밴드가 살짝 팽팽해지도록 양손으로 잡고 상체를 앞으로 숙인다.

2 양팔을 펴며 밴드를 허벅지 쪽으로 당긴다.

시티드 밴드 로우

운동 부위

등

운동 효과

✓ 등의 군살을 빼고 슬림한 라인을 만들어준다.
✓ 등 전체의 근력을 강화시킨다.

⏱ **1세트 20회**
3세트

동작을 실시하는 동안 고무밴드의 탄성이 너무 약하거나 강하지 않게 주의한다.

등이 아치 모양이 될 때까지 가슴을 최대한 펴야 운동 효과가 좋다.

1 밴드의 중앙을 자신의 가슴 정도 높이에 고정시킨 후, 밴드가 살짝 팽팽해지도록 끝을 양손으로 잡고 의자에 앉는다.

2 가슴을 펴면서 동시에 팔꿈치를 구부리고 밴드를 옆구리까지 끌어 당긴다.

밴드 밴트 오버 로우

운동 효과

✓ 등 전체 근육을 골고루 발달시킨다.
✓ 등의 군살을 제거하고 근육을 선명하게 만든다.

⏱ **1세트 20회**
3세트

덤벨을 들어 올릴 때 양쪽 날개뼈가 맞닿을 정도로 가슴과 허리를 최대한 편다. 그래야 등 근육에 자극이 잘 온다.

TIP
[2번→1번]에서 팔이 완전히 펴지지 않도록 팔꿈치의 긴장을 유지한다.

1 밴드의 중앙을 자신의 무릎 정도 높이에 고정시킨 후, 밴드가 살짝 팽팽해지도록 양손으로 잡고 상체를 앞으로 숙인다.

2 가슴을 펴면서 동시에 팔꿈치를 구부리고 밴드 끝을 옆구리까지 끌어 당긴다.

백 익스텐션(바닥)

운동 부위

등

운동 효과

✓ 등, 허리 근육을 동시에 강화시킨다.

✓ 등 스트레칭 효과가 있어 통증을 줄여준다.

⏱ **1세트 20회**
3세트

TIP

동작을 실시하는 동안 다리는 최대한 움직이지 않는다. 무거운 물체에 다리를 고정시키는 것도 좋다.

1 양팔을 머리 위로 쭉 뻗은 채 바닥에 엎드린다.

상체를 들어 올릴 때 등, 허리를 강하게 수축시킨다.

TIP

양팔을 쭉 뻗은 상태를 유지해야 등 근육이 잘 단련된다.

2 양팔을 쭉 뻗은 채 상체를 최대한 들어 올린다.

맨손 굿모닝

운동 부위
엉덩이,
햄스트링,
척추기립근

운동 효과

✓ 등, 엉덩이, 다리의 뒤태 라인을 탄력 있게 다듬어준다.
✓ 허리 통증을 완화시켜준다.

🕐 **1세트 20회**
3세트

TIP
가슴이 지면과 수평이 될 때까지 상체를 숙인다. 이때 등과 허리, 엉덩이와 허벅지 뒤쪽 근육이 늘어나는 자극을 느낀다.

허리와 무릎을 구부리면 운동 효과가 떨어지므로 주의한다.

TIP
상체를 세웠을 때는 허리는 곧게 펴고 무릎은 살짝 구부린 상태를 유지한다.

1 양손을 머리 뒤에 얹고 양발을 어깨너비보다 좁게 벌리고 선다.

2 등과 허리의 긴장을 유지하며 상체를 천천히 90도로 숙인다.

사이드 런지

운동 효과

✓ 하체 체지방을 단시간에 제거할 수 있다.

✓ 다리 근육, 특히 허벅지 근육을 단련할 수 있다.

⏱ **1세트 20회**
3세트

한쪽 무릎을 구부릴 때 반대쪽 다리가 따라서 구부러지지 않도록 주의한다.

1 양쪽 다리를 자신의 어깨보다 넓게 벌리고 선다. 한쪽 무릎을 구부리면서 반대쪽 다리를 곧게 펴준 후, 구부러진 다리에 힘을 주며 일어난다.

2 바로 반대쪽 다리를 구부린다. 양쪽 번갈아 실시한다.

와이드 스쿼트

운동 효과

✓ 하체 근육을 골고루 자극하는 운동이다.

✓ 특히 엉덩이, 허벅지 안쪽 라인을 매끈하게 다듬어준다.

⏱ **1세트 20회**
3세트

TIP
동작을 실시하는 동안 양쪽 발끝과 무릎은 바깥쪽으로 45도 방향을 유지한다.

허벅지가 지면과 수평이 될 때까지 무릎을 구부린다. 이때 엉덩이를 살짝 뒤쪽으로 빼주어야 운동 효과가 좋다.

1 양쪽 다리를 자신의 어깨보다 넓게 벌리고 선다. 두 손은 모아서 얼굴 앞에 위치시킨다.

2 무릎을 구부리며 천천히 앉는다. 발바닥으로 바닥을 강하게 밀어내며 다시 일어선다.

제자리 런지(좁게)

운동 효과

✓ 하체 근력, 균형 감각을 향상시킨다.
✓ 엉덩이, 허벅지 군살 제거에 도움을 준다.

⏱ **1세트 20회
3세트**

손의 위치는 자유롭게
두며 상체를 숙인 상태
에서 동작을 반복한다.

양쪽 무릎을 구부릴 때
상체가 들리지 않도록
주의한다.

1 양발을 어깨너비로 벌리고 서서 한쪽 발을
뒤로 최대한 뻗어준다. 이때 상체를 45도
정도 앞으로 숙여준다.

2 몸을 아래로 누르는 느낌으로 양쪽 무릎을
구부린다. 양쪽 다리를 번갈아 실시한다.

다리 뒤로 뻗으면서
덤벨 원 레그 데드리프트

허리가 구부러지지
않게 주의한다.

1 양손에 덤벨을 들고 양발은 어깨너비
보다 좁게 선다.

2 한쪽 무릎은 구부리고 반대편 무릎은
최대한 편 채 상체를 앞으로 숙이기 시
작한다.

운동 효과

✓ 허벅지부터 엉덩이, 허리, 상체 전반에 자극을 주는 운동이다.
✓ 몸의 균형 감각도 함께 길러준다.

1세트 20회
3세트

운동 부위

하체

굽힌 무릎을 펴고 다리를 뒤로 뻗을 때 발끝으로 바닥을 쓰는 듯이 실시하는 것이 포인트다.

3 상체를 숙이면서 동시에 다리를 펴고 뒤로 쭉 뻗는다. 다시 상체를 들어 올리고 다리를 끌어 당기며 1번 자세로 돌아온다. 3세트 후 반대쪽 다리도 똑같이 실시한다.

TIP 반대쪽 다리 동작

덤벨 숄더 프레스

운동 효과

✓ 어깨와 팔의 근력을 향상시킨다.
✓ 어깨 양쪽 끝 라인을 매끄럽게 다듬어주는 운동이다.

⏱ **1세트 20회**
3세트

팔꿈치를 직각 상
태로 만들어야 운
동 효과가 높다.

덤벨을 들어 올릴 때 손
목이 꺾이거나 허리가 구
부러지면 안 된다. 복부
에도 힘이 빠지지 않도록
주의한다.

1 양손에 덤벨을 들고 양발은 어깨너비보다
좁게 선다. 팔꿈치를 구부려 덤벨이 양쪽
귀 높이에 위치하도록 한다.

2 덤벨을 수직으로 들어 올린다.

시티드 덤벨 밴트 오버 래터럴 레이즈

운동 부위

어깨 후면

운동 효과

✓ 어깨 후면을 발달시키는 데 도움이 된다.
✓ 무리하지 말고 적당한 무게로 실시해야 효과가 높다.

⏱ **1세트 20회
3세트**

상체는 최대한 고정시킨다.

1 양손에 덤벨을 들고 의자 끝에 앉는다. 상체가 허벅지에 닿을 정도로 앞으로 숙이고 양팔은 허벅지 아래로 내린다.

TIP
날개뼈는 최대한 움직이지 않는다.

팔이 어깨보다 뒤로 가지 않도록 주의한다.

2 덤벨을 살짝 어깨 쪽으로 던지는 느낌으로 양팔을 들어 올린다.

밴드 컬

운동 부위

상완이두근

운동 효과

✓ 팔의 위쪽 전면 근육에 강한 자극을 준다.
✓ 어깨 전면과 전완근 발달에도 도움이 된다.

⏱ **1세트 20회
3세트**

TIP
손바닥이 위쪽을
향하도록 밴드를
쥔다.

TIP
팔꿈치를 고정시킨 채 밴드를 끌
어당긴다. 근육의 긴장을 유지하
며 실시한다.

1 밴드의 양쪽 끝을 각각 잡은 후, 밴드가 살
짝 팽팽해지도록 양발로 밴드의 중앙을 밟
고 선다.

2 팔을 구부려 밴드를 가슴 높이까지 끌어당긴다.

덤벨 해머 컬

운동 효과
✓ 팔의 위쪽 전면 근육에 강한 자극을 준다.
✓ 어깨 전면과 전완근 발달에도 도움이 된다.

⏱ **1세트 20회**
3세트

TIP
근육의 긴장을 유지하며 반복 실
시한다. 팔꿈치를 고정시킨 채 덤
벨을 들어 올린다.

1 양손에 덤벨을 들고 양발은 어깨너비만큼
벌리고 선다.

2 팔꿈치를 구부려 덤벨을 어깨 방향으로 들
어 올린다.

무릎 대고 푸시업

운동 효과

✓ 어깨와 가슴 근육을 탄탄하게 키울 수 있다.

✓ 무릎으로 지지하기 때문에 난이도가 낮다.

⏱ **1세트 20회**
3세트

양손은 너무 넓거나
좁게 놓지 않는다.

1 팔꿈치를 편 채 바닥에 엎드린다. 이때 무릎은
구부린 상태에서 교차시킨다.

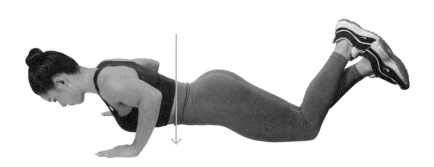

2 팔꿈치를 천천히 구부리면서 양손이 가슴 옆에
위치할 때까지 상체를 내린다.

밴드 펙덱 플라이

운동 부위

가슴

운동 효과

✓ 가슴과 어깨 후면 근육에 자극을 준다.
✓ 안쪽 가슴을 강하게 모아준다.

⏱ **1세트 20회**
3세트

팔이 구부러지지
않도록 주의한다.

1 밴드를 자신의 어깨 정도 높이에 고정시킨
후, 밴드가 살짝 팽팽해지도록 양손으로 잡
고 양팔을 옆으로 벌린다.

2 양손을 모으며 밴드를 가슴 앞쪽까지 끌어
당긴다.

덤벨 킥 백

운동 효과

✓ 위팔의 뒤쪽 근육을 단련시킨다.

✓ 출렁이는 살을 제거하고 탄탄하고 매끈한 팔 라인을 만들 수 있다.

⏱ **1세트 20회
3세트**

팔이 상체와 떨어지지 않도록 팔꿈치는 옆구리에 위치시키고 직각 상태를 유지한다.

팔꿈치를 과도하게 움직이게 되면 운동 효과가 떨어진다. 삼두근의 긴장을 느끼며 천천히 실시한다.

1 양손에 덤벨을 들고 서서 상체를 앞으로 숙인다.

2 팔꿈치를 고정시킨 상태에서 양팔을 뒤로 펴며 덤벨을 등 위로 끌어 올린다.

라잉 덤벨 트라이셉스 익스텐션

운동 효과

✓ 위팔의 앞, 뒤, 옆 근육을 골고루 단련시킨다.

✓ 늘어지지 않고 단단한 팔 근육을 만들 수 있다.

⏱ **1세트 20회**
3세트

1 양손에 덤벨을 들고 바닥에 누워 무릎을 구부린다.
양손을 모아 덤벨을 천장 방향으로 들어 올린다.

반복 동작을 실시할 때 팔꿈치가 움직이지 않도록 주의한다.

2 팔꿈치를 구부려 이마 방향으로 덤벨을 내린다.

한 발 들고 힙 브릿지

운동 효과

✓ 코어 근육을 강화시키고 힙업에 도움이 된다.
✓ 한 발을 들고 실시하므로 팔 근육에도 자극을 준다.

⏱ **1세트 20회
3세트**

TIP
[2번→1번]에서 엉덩이가
바닥에 닿기 직전에 다시
엉덩이를 들어 올리는 것이
포인트! 동작이 너무 빨라
지지 않도록 주의한다.

1 바닥에 누워 양쪽 발을 어깨너비로
벌리고 무릎을 구부린다. 양손을
엉덩이 옆에 위치시킨 후, 한쪽 다
리를 천장 방향으로 들어 올린다.

2 한쪽 다리를 든 상태에서 엉덩이를 천장 방향
으로 최대한 높이 들어 올린다. 1초 정도 멈췄
다가 다시 천천히 엉덩이를 바닥에 닿기 직전
까지 내린다. 양쪽 다리를 번갈아 실시한다.

토탈힙

운동 효과

✓ 엉덩이 전체 근육을 골고루 발달시켜주는 운동이다.

✓ 탄력 있는 애플 힙 라인을 만들 수 있다.

🕐 **1세트 20회
3세트**

1 바닥에 양손과 무릎을 대고 엎드린 후,
한쪽 다리를 가슴 쪽으로 살짝 당긴다.

허리가 과도하게 꺾이지 않도록
주의한다. 손목이 아프면 팔꿈치
를 바닥에 대고 실시해도 좋다.

2 한쪽 다리를 천장 방향으로 곧게 들어 올린다.
천천히 버티면서 1번 자세로 돌아온다. 양쪽 다
리를 번갈아 실시한다.

스쿼트

운동 효과

✓ 볼륨감 있는 엉덩이와 탄탄한 허벅지를 만들어준다.

✓ 하체 근력을 강화시키고 많은 칼로리를 소모하는 운동이다.

⏱ **1세트 20회**
3세트

TIP
발은 편한 방향으로 둔다. 꼭 11자가 아니어도 상관없다.

허벅지가 지면과 수평이 될 때까지 무릎을 구부린다. 이때 엉덩이를 살짝 뒤쪽으로 빼주어야 운동 효과가 좋다.

1 양손을 머리 뒤에 얹고 양발을 자신의 어깨너비만큼 벌리고 선다.

2 가슴을 편 채로 무릎을 구부리며 천천히 앉는다. 발바닥으로 바닥을 강하게 밀어내며 다시 일어선다.

워킹 런지(스텝박스)

운동 효과

✓ 다리 근육과 근력을 향상시킨다.

✓ 엉덩이에 자극을 주어 힙업에 도움이 된다.

⏱ **1세트 20회**
3세트

다리를 구부릴 때 무릎
이 발끝을 넘어가지 않
도록 주의한다.

1 스텝박스의 한 발 뒤쪽에서 양손을 허리에 얹고 양발을 모으고 선다.

2 한쪽 발을 스텝박스 위로 내딛으면서 양쪽 무릎을 구부린다. 다시 무릎을 펴면서 1번 자세로 돌아온다. 양쪽 다리를 번갈아 실시한다.

4주 차

운동 목표

1 4주 차는 뱃살이 들어가고 근력이 강해지기 시작하는 단계이다.

2 몸의 변화를 느끼며 긍정적인 마음과 성취감을 갖고 포기하지 말자.

3 매일매일 공통 스트레칭 + 준비 운동 동작을 마친 후 운동을 실시한다.

공통 스트레칭

⏱ 각 20회씩 × 3세트

1. 목 스트레칭 — p.46 참고

2. 팔+어깨 스트레칭 — p.48 참고

3. 등+허리 스트레칭 — p.50 참고

4. 하체 스트레칭 1 — p.52 참고

5. 하체 스트레칭 2 — p.54 참고

6. 하체 스트레칭 3 — p.56 참고

준비 운동

1 벤치 버피테스트 2단계

p.60 참고

⏱ 15회씩 × 3세트

2 벤치 버피테스트 3단계

p.62 참고

⏱ 15회씩 × 3세트

3 사이드 엘보우 플랭크

p.66 참고 ⏱ **15회씩 × 3세트**

4 엘보우 플랭크

p.65 참고 ⏱ **15회씩 × 3세트**

5 벤치 니 업

p.68 참고

⏱ 15회씩 × 3세트

마무리 운동 공통 스트레칭 - 4주 차 준비 운동 - 각 요일별 운동을 끝낸 후, 유산소 운동으로 마무리한다.

유산소 20분 이상 → 가볍게 걷기, 계단 오르기, 사이클 등 가능한 유산소 선택해서 실시

밴드 사이드 래터럴 레이즈

운동 효과
✓ 어깨 삼각근에 자극을 주어 근육을 키울 수 있다.
✓ 군살 없는 어깨 라인과 날렵한 쇄골 라인을 만들어준다.

⏱ **1세트 20회**
3세트

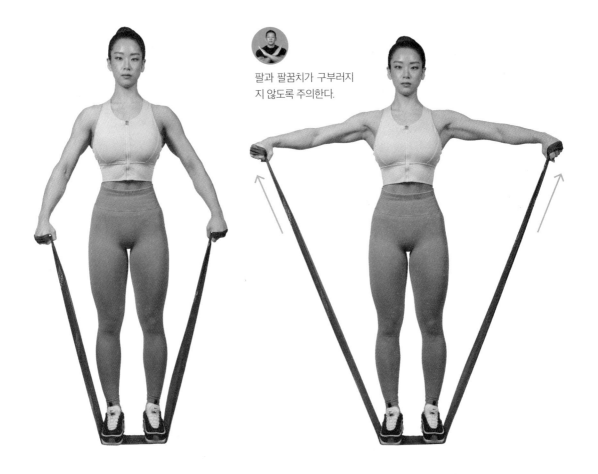

팔과 팔꿈치가 구부러지
지 않도록 주의한다.

1 양손에 밴드를 잡은 채 밴드의 가운데를
밟고 선다.

2 양팔을 몸에서 멀리 보내듯이 어깨 높이까
지 밴드를 끌어당긴다.

덤벨 아놀드 프레스

운동 부위

어깨

운동 효과

✓ 어깨 삼각근에 자극을 주어 근육을 키울 수 있다.

✓ 어깨 라인을 다듬어주어 옷태가 좋아진다.

⏱ **1세트 20회**
3세트

TIP
손바닥이 얼굴 쪽으로 향하도록 덤벨을 쥔다.

TIP
2번 자세에서는 덤벨을 쥔 손바닥이 앞쪽을 향하도록 한다.

덤벨을 들어 올릴 때 허리가 꺾이지 않도록 복부의 힘을 빼지 않고 실시한다.

1 양발을 어깨너비로 벌리고 덤벨을 들고 선다. 팔꿈치를 구부려 덤벨이 눈높이에 위치하도록 한다.

2 양쪽 팔꿈치와 손목을 바깥으로 회전시키며 덤벨을 들어 올린다. 다시 반대로 회전시키면서 천천히 1번 자세로 돌아온다.

덤벨 업라이트 로우

운동 효과

✓ 어깨 근육과 근력을 강화시킨다.

✓ 너무 가벼우면 효과가 없으므로 적절한 무게로 실시한다.

⏱ **1세트 20회
3세트**

팔꿈치보다 손이 더 올라가지 않도록 주의한다.

1 양손에 덤벨을 들고 선다. 양쪽 덤벨은 서로 맞대어 허벅지 앞에 위치시킨다.

2 팔꿈치를 위로 끌어 올리는 느낌으로 덤벨을 들어 올린다.

158

시티드 덤벨
트라이셉스 익스텐션

운동 효과

✓ 위팔 뒤쪽 근육에 강한 자극을 준다.

✓ 슬림하고 선명한 팔 근육을 만들 수 있다.

⏱ **1세트 20회**
3세트

팔꿈치가 앞뒤로
움직이지 않도록
주의한다.

1 양손에 덤벨을 들고 의자에 앉는다. 덤벨을
쥔 그대로 양팔을 머리 위로 들어 올린다.

2 양팔을 귀에 붙인 상태로 팔꿈치를 구부려
덤벨을 머리 뒤로 보낸다.

시티드 밴드
원 암 랫풀 다운

운동 부위

팔

운동 효과

✓ 팔과 어깨, 광배근 근육까지 자극을 주는 운동이다.
✓ 한 팔씩 실시하기 때문에 더욱 강하게 근력을 키울 수 있다.

⏱ **1세트 20회**
3세트

밴드를 당길 때 상체는 최대한 움직이지 않도록 주의한다. 팔과 어깨만 움직여야 운동 효과가 좋다.

1 밴드를 자신의 앉은키보다 높은 곳에 고정시킨 후, 의자에 앉아 한쪽 팔을 뻗어 밴드를 잡는다.

2 팔꿈치를 구부리며 천천히 밴드를 목 높이까지 끌어당긴다. 3세트 후 반대쪽도 똑같이 실시한다.

160

밴드 풀 오버

운동 효과

✓ 팔과 등 전체 근육에 자극을 준다.
✓ 등 스트레칭 효과가 있으며 매끈한 등 라인을 만들어준다.

⏱ **1세트 20회**
3세트

밴드를 당길 때 상체가 구부러지면 안 된다. 이때 허리는 편 상태에서 가슴을 살짝 위로 들어준다.

1 밴드를 자신의 키보다 높은 곳에 고정시킨 후, 밴드가 살짝 팽팽해지도록 양손으로 잡고 상체를 앞으로 숙인다.

2 양팔을 펴며 밴드를 아래로 허벅지 쪽으로 당긴다.

밴드 밴트 오버 로우

4주 차
화요일

운동 부위

등

운동 효과

✓ 등 전체 근육을 골고루 발달시킨다.

✓ 등의 군살을 제거하고 근육을 선명하게 만든다.

⏱ **1세트 20회**
3세트

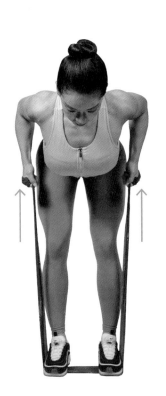

TIP

밴드를 끌어당길 때 가슴을 쭉 펴는 것이 포인트! 그래야 등 근육에 자극이 잘 온다. 또한 허리가 구부러지지 않도록 주의한다.

1 밴드의 중앙을 양발로 밟고 선다. 밴드가 살짝 팽팽해지도록 양손으로 잡고 팔꿈치는 살짝 구부린 후 상체를 앞으로 숙인다.

2 가슴을 펴면서 동시에 팔꿈치를 등 뒤로 올리며 밴드 끝을 옆구리까지 끌어 당긴다.

백 익스텐션 + 밴드 로우

운동 부위

등

운동 효과

✓ 팔과 등 전체 근육에 자극을 준다.
✓ 척추기립근을 함께 강화시킨다.

⏱ **1세트 20회**
3세트

1 밴드를 낮은 곳에 고정시킨 후 밴드 끝을 양손으로 각각 쥔 채 바닥에 엎드린다. 이 상태에서 상체만 위로 들어 올린다.

TIP

양쪽 날개뼈가 맞닿을 정도로 밴드를 강하게 끌어당긴다.

2 팔꿈치를 굽혀 밴드의 끝을 가슴 옆까지 끌어당긴다.

점프 스쿼트

운동 효과

✓ 하체의 근육량 증가에 도움을 준다.

✓ 심폐지구력과 민첩성을 기를 수 있다.

⏱ **1세트 20회**
3세트

TIP

발은 편한 방향으로
둔다. 꼭 11자가 아니
어도 상관없다.

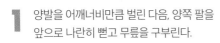

1 양발을 어깨너비만큼 벌린 다음, 양쪽 팔을
앞으로 나란히 뻗고 무릎을 구부린다.

2 양쪽 발로 지면을 밀어내면서 살짝 점프하
고 바닥에 착지하면서 다시 1번 자세로 돌
아간다.

제자리 런지

운동 효과

✓ 하체 근력, 균형 감각을 향상시킨다.

✓ 엉덩이, 허벅지 군살 제거에 도움을 준다.

⏱ **1세트 20회**
3세트

TIP
가슴은 정면을
향한다.

무릎을 구부릴 때 앞
쪽 다리가 발끝을 넘
지 않도록 주의한다.

1 양발을 앞뒤로 넓게 벌리고 선다. 이때 발의 끝은 정면을 향한다.

2 몸을 아래로 누르는 느낌으로 양쪽 다리를 구부린다. 양쪽 번갈아 실시한다.

덤벨 레그 컬

운동 효과

✓ 허벅지 뒤쪽 근육을 집중적으로 단련시킨다.

✓ 엉덩이에도 자극을 주어 힙업에도 도움이 된다.

⏱ **1세트 20회**
3세트

1 바닥에 엎드린 상태에서 양발로 덤벨을 잡고 양쪽 무릎을 살짝 구부린다.

TIP

덤벨이 떨어지지 않도록 두 발로 견고하게 잡는다. 이때 무리하게 무거운 덤벨을 사용하지 않는다.

2 양쪽 무릎을 구부려 덤벨을 엉덩이 쪽으로 끌어당긴다. 다시 덤벨이 바닥에 닿기 전까지 무릎을 천천히 펴준다.

TIP

[2번→1번]에서 근육의 긴장을 잃지 않도록 무릎을 완전히 다 펴지 않는다.

토탈힙

운동 효과

✓ 엉덩이 전체 근육을 골고루 발달시켜주는 운동이다.

✓ 탄력 있는 애플 힙 라인을 만들 수 있다.

○ **1세트 20회**
3세트

1 바닥에 양손과 무릎을 대고 엎드린 후, 한쪽 다리를 가슴 쪽으로 살짝 당긴다.

허리가 과도하게 꺾이지 않도록 주의한다. 손목이 아프면 팔꿈치를 바닥에 대고 실시해도 좋다.

2 한쪽 다리를 천장 방향으로 곧게 들어 올린다. 3세트 후 반대쪽도 똑같이 실시한다.

다리 뒤로 뻗으면서
덤벨 원 레그 데드리프트

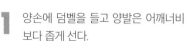

손바닥이 허벅지 쪽
을 향하도록 덤벨을
쥔다.

허리가 구부러지지
않게 주의한다.

1 양손에 덤벨을 들고 양발은 어깨너비
보다 좁게 선다.

2 한쪽 무릎은 구부리고 반대편 무릎은
최대한 편 채 상체를 천천히 앞으로 숙
이기 시작한다.

✓ 허벅지부터 엉덩이, 허리, 상체 전반에 자극을 주는 운동이다.
✓ 몸의 균형 감각도 함께 길러준다.

**1세트 20회
3세트**

운동 부위

하체

굽힌 무릎을 펴고 다리를
뒤로 뻗을 때 발끝으로 바
닥을 쓰는 듯이 실시하는
것이 포인트다.

3 상체를 숙이면서 동시에 다리를 펴고 뒤로 쭉
뻗는다. 다시 상체를 들어 올리고 다리를 끌어
당기며 1번 자세로 돌아온다. 3세트 후 반대쪽
다리도 똑같이 실시한다.

TIP 반대쪽 다리 동작

플랫 덤벨 플라이

운동 효과

✓ 가슴 바깥쪽과 안쪽 근육 모두를 단련시킨다.

✓ 탄탄하고 볼륨감 있는 가슴 라인을 만들 수 있다.

⏱ **1세트 20회**
3세트

팔을 벌릴 때 손이 지나
치게 머리 쪽으로 놓이
지 않도록 주의한다.

1 양손에 덤벨을 들고 바닥에 눕는다. 가슴을 최대한
펴고 덤벨이 바닥에 닿기 직전까지 양팔을 옆으로
벌린다.

2 다시 팔을 안쪽으로 모아주며 1번 자세로 돌아간다.
양손을 끌어올려 덤벨을 모아준다.

플랫 덤벨 프레스

운동 효과

✓ 가슴 근육 전체에 강한 자극을 준다.

✓ 탄력 있는 가슴을 위한 필수 운동이다.

⏱ **1세트 20회**
3세트

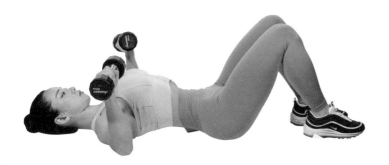

1 양손에 덤벨을 들고 바닥에 눕는다. 팔꿈치를 수직으로 구부려 덤벨을 가슴 옆에 위치시킨다.

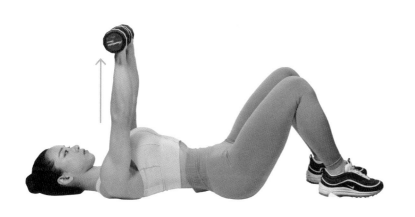

TIP

[2번→1번]의 정면 모습. 덤벨을 들어 올릴 때는 손목이 꺾이지 않도록 주의한다.

2 양팔을 천장 방향으로 힘껏 들어 올린다.

푸시업

운동 효과

✓ 어깨와 가슴 근육을 집중적으로 키울 수 있다.

✓ 전신 근력과 체력 향상에 도움을 준다.

⏱ **1세트 20회**
3세트

양손은 너무 넓거나
좁게 놓지 않는다.

1 팔꿈치와 무릎을 편 채 바닥에 엎드린다.

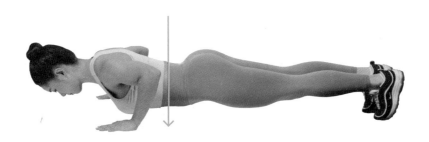

2 팔꿈치를 천천히 구부리면서 양손이 가슴
옆에 위치할 때까지 상체를 내린다.

덤벨 해머 컬

운동 효과
- ✓ 팔의 위쪽 전면 근육에 강한 자극을 준다.
- ✓ 어깨 전면과 전완근 발달에도 도움이 된다.

⏱ **1세트 20회**
3세트

TIP
덤벨을 쥘 때 양쪽
덤벨이 서로 마주
보도록 한다.

TIP
근육의 긴장을 유지하며
반복 실시한다. 팔꿈치를
고정시킨 채 덤벨을 들어
올린다.

1 양손에 덤벨을 들고 양발은 어깨너비
만큼 벌리고 선다.

2 팔꿈치를 구부려 덤벨을 어깨 방향으
로 들어 올린다.

맨손 굿모닝

운동 효과

✓ 등, 엉덩이, 다리의 뒤태 라인을 탄력 있게 다듬어준다.

✓ 허리 통증을 완화시켜준다.

⏱ **1세트 20회**
3세트

상체를 세울 때는 허리
는 곧게 펴고 무릎은 살
짝 구부린 상태를 유지
한다.

TIP

가슴이 지면과 수평이 될 때까
지 상체를 숙인다. 이때 등과
허리, 엉덩이와 허벅지 뒤쪽 근
육이 늘어나는 자극을 느낀다.

1 양손을 머리 뒤에 얹고 양발을 어깨너비보
다 좁게 벌리고 선다. 상체를 펴고 엉덩이
를 뒤로 빼준다.

2 등과 허리의 긴장을 유지하며 상체를 천천
히 90도로 숙인다.

스쿼트

운동 효과

✓ 볼륨감 있는 엉덩이와 탄탄한 허벅지를 만들어준다.

✓ 하체 근력을 강화시키고 많은 칼로리를 소모하는 운동이다.

⏱ **1세트 20회**
3세트

TIP
발은 편한 방향으로 둔다. 꼭 11자가 아니어도 상관없다.

엉덩이를 살짝 뒤쪽으로 빼주어야 운동 효과가 좋다.

1 양손을 머리 뒤에 얹고 양발을 어깨너비만큼 벌리고 선다.

2 가슴을 편 채로 무릎을 구부리며 천천히 앉는다. 발바닥으로 바닥을 강하게 밀어내며 다시 일어선다.

스플릿 스쿼트(의자)

운동 부위

하체

운동 효과

✓ 하체 전체의 군살을 제거하고 근육을 단련시킨다.

✓ 힙업에 탁월한 운동이다.

🕐 **1세트 20회**
3세트

TIP
반대쪽 동작 모습

1 양손을 허리에 얹고 의자 앞에 서서 한 쪽 발을 구부려 의자 위에 얹는다.

2 양쪽 무릎을 구부린다. 다시 무릎을 펴면서 1번 자세로 돌아온다. 3세트 후 반대쪽도 똑같이 실시한다.

사이드 런지

운동 효과

✓ 하체 체지방을 단시간에 제거할 수 있다.

✓ 다리 근육, 특히 허벅지 근육을 단련할 수 있다.

🕐 **1세트 20회**
3세트

한쪽 무릎을 구부릴 때 반대쪽 다리가 따라서 구부러지지 않도록 주의한다.

1 양발을 넓게 벌리고 선다. 한쪽 무릎을 구부리면서 반대쪽 다리를 곧게 펴준 후, 구부러진 다리에 힘을 주며 일어난다.

2 바로 반대쪽 다리를 구부린다. 양쪽 번갈아 실시한다.

5주차

운동 목표
1 5주 차는 전보다 더욱더 강한 자극에 집중하는 단계이다.
2 중량을 올리는 것에 집착하지 말고 몸에 따라 차근차근 난이도를 높인다.
3 매일매일 공통 스트레칭 + 준비 운동 동작을 마친 후 운동을 실시한다.

공통 스트레칭

⏱ 각 20회씩 × 3세트

1. 목 스트레칭   p.46 참고

2. 팔+어깨 스트레칭   p.48 참고

3. 등+허리 스트레칭   p.50 참고

4. 하체 스트레칭 1   p.52 참고

5. 하체 스트레칭 2   p.54 참고

6. 하체 스트레칭 3   p.56 참고

준비 운동

1 벤치 버피테스트 3단계

⏱ 15회씩 × 3세트

p.62 참고

2 마운틴 클라이밍

⏱ 15회씩 × 3세트

p.69 참고

3 엘보우 플랭크

p.65 참고

⏱ **15회씩 × 3세트**

4 크런치

p.67 참고

⏱ **15회씩 × 3세트**

p.72
참고

5 얼터네이트 니 업

⏱ 15회씩 × 3세트

마무리 운동   공통 스트레칭 - 5주 차 준비 운동 - 각 요일별 운동을 끝낸 후, 유산소 운동으로 마무리한다.

유산소
30분 이상 → 가볍게 걷기, 계단 오르기, 사이클 등 가능한 유산소 선택해서 실시

덤벨 밴트 오버 로우
+ 백 익스텐션(벽)

→ [1번 → 2번]을 20회 반복 후,
  [3번 → 4번]을 20회 반복하는
  것까지 1세트다.

덤벨을 들어 올릴 때 양쪽 날
개뼈가 맞닿을 정도로 가슴
을 최대한 편다. 그래야 등 근
육에 자극이 잘 온다.

TIP
덤벨을 쥘 때 양쪽
덤벨이 서로 마주
보도록 한다.

1 양손에 덤벨을 들고 서서 덤벨이 무릎 높
이에 위치하도록 상체를 앞으로 숙인다.

2 가슴을 펴면서 동시에 팔꿈치를 구부리고
덤벨을 옆구리 높이까지 들어 올린다. 다시
1번 자세로 돌아온다.

운동 효과

✓ 등의 군살을 제거하고 근육을 선명하게 만든다.
✓ 척추기립근을 함께 강화시킨다.

TIP
등에 자극이 잘 오도록 가슴을 쭉 펴고 허리가 구부러지지 않도록 주의한다.

3 양손을 머리 뒤에 얹은 후, 벽에 엉덩이를 대고 양발을 어깨너비로 벌리고 선다. 이때 발은 벽에서 한 발 떨어진 곳에 위치한다.

4 양쪽 팔꿈치를 모으면서 상체를 말아 아래로 숙여준다. 상체가 지면과 수평이 될 때까지 숙인 후, 다시 양쪽 팔꿈치를 벌리고 상체를 곧게 펴면서 3번 자세로 돌아온다.

덤벨 스티프 데드리프트

운동 효과

✓ 등, 하체 근육을 한 번에 단련시킨다.
✓ 엉덩이와 허벅지 뒤쪽에 강한 자극을 준다.

⏱ **1세트 20회
3세트**

무릎과 허리가 구부러지지 않게 주의한다. 무릎을 많이 구부리면 운동 효과가 떨어진다.

TIP 무릎은 살짝만 굽힌다.

1 양손에 덤벨을 들고 양발은 어깨너비보다 좁게 선다.

2 상체와 팔꿈치를 곧게 편 상태에서 앞으로 숙인다. 이때 덤벨은 허벅지를 쓸어내리는 느낌으로 무릎 아래까지 내린다. 다시 천천히 덤벨로 허벅지를 쓸어 올리며 상체를 세운다.

5주차

월요일

시티드 밴드 로우

운동 효과

✓ 등의 군살을 빼고 슬림한 라인을 만들어준다.
✓ 등 전체의 근력을 강화시킨다.

⏱ **1세트 20회**
3세트

동작을 실시하는 동안 고무
밴드의 탄성이 너무 약하거
나 강하지 않게 주의한다.

등이 아치 모양이 될 때
까지 가슴을 최대한 펴
야 운동 효과가 좋다.

1 밴드의 중앙을 자신의 가슴 정도 높이에
고정시킨 후, 밴드가 살짝 팽팽해지도록 끝
을 양손으로 잡고 의자에 앉는다.

2 가슴을 펴면서 동시에 팔꿈치를 구부리고
밴드를 옆구리까지 끌어당긴다.

고양이 자세 한쪽 로테이션 + 슈퍼맨

→ [1번 → 2번]을 양쪽 번갈아 실시
한 후, 바로 [3번 → 4번]으로 이어
지는 것까지 '1회 동작'이다.

1 양손과 무릎을 바닥에 대고 고양이
자세를 취한다. 한쪽 손을 머리 뒤에
얹고 상체를 안쪽으로 살짝 비튼다.

TIP
허리에 무리가 가지 않도록 자신
의 가동범위에 맞게 실시한다.

2 팔꿈치를 위로 들어 올리면서 상체
를 바깥으로 회전시킨다. 다시 천천
히 1번 자세로 돌아온다. 양쪽 번갈
아 실시한다.

운동 효과

✓ 등 전체, 코어 근육, 척추기립근을 단련시킨다.

✓ 뭉친 등과 어깨를 풀어주는 운동이다.

운동 부위

⏱️ **1세트 20회**
3세트

등

너무 빠르게 하지 말고 천천히, 자신의 가동 범위에 맞게 실시한다.

3 양팔을 머리 위로 편 채 바닥에 엎드린다. 양팔과 상체를 동시에 들어 올린 후, 다시 천천히 상체를 내린다.

TIP
[1번→2번]의 반대쪽 동작

푸시업 + 밴드 플라이

→ [1번 → 4번]을 쭉 이어서
  20회 반복하는 것이 1세트다.

양손은 너무 넓거나 좁게
놓지 않는다.

1 팔꿈치와 무릎을 편 채 바닥에 엎드린다.

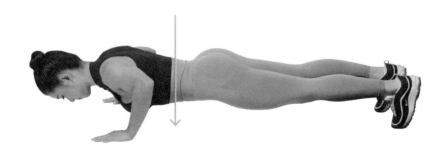

2 팔꿈치를 천천히 구부리면서 양손이 가슴 옆에 위
치할 때까지 상체를 내린다. 천천히 버티면서 다시
1번 자세로 돌아온다.

운동 효과

✓ 어깨와 가슴 근육을 집중적으로 키울 수 있다.
✓ 안쪽 가슴을 강하게 모아준다.

⏱ **1세트 20회**
3세트

운동 부위

가슴

TIP
3번 동작의 측면 모습.

3 양손에 각각 밴드 끝을 쥐고 바닥에 눕는다. 가슴을 최대한 펴고 양손이 바닥에 닿기 직전까지 밴드를 잡아당기며 양팔을 옆으로 벌린다.

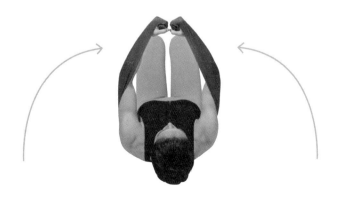

TIP
4번 동작의 측면 모습.

4 양손을 모아주며 밴드를 위로 잡아당긴다.

189

덤벨 플랫 프레스

운동 효과

✓ 가슴 근육 전체에 강한 자극을 준다.

✓ 탄력 있는 가슴을 위한 필수 운동이다.

⏱ **1세트 20회**
3세트

1 양손에 덤벨을 들고 바닥에 눕는다. 팔꿈치를 수직으로 구부려 덤벨을 가슴 옆에 위치시킨다.

2 양쪽 팔을 천장 방향으로 힘껏 들어 올린다.

TIP

2번 자세의 정면 모습. 덤벨을 들어 올릴 때 손목이 꺾이지 않도록 주의한다.

덤벨 오버 헤드 익스텐션

운동 효과

✓ 팔 위쪽의 후면 근육을 집중적으로 단련시킨다.

✓ 출렁이는 살을 제거하고 탄탄하고 매끈한 팔 라인을 만들 수 있다.

⏱ **1세트 20회**
3세트

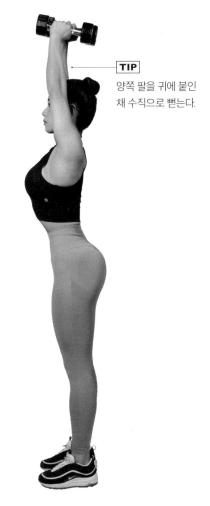

TIP
양쪽 팔을 귀에 붙인 채 수직으로 뻗는다.

양쪽 팔꿈치가 서로 벌어지지 않도록 주의한다.

1 양손에 덤벨을 들고 양발은 어깨너비보다 좁게 선다. 덤벨을 쥔 손을 머리 위로 들어 올린다.

2 양팔을 귀에 붙인 상태로 팔꿈치를 굽힌다.

덤벨 킥 백 + 밴드 풀 오버

→ [1번 → 4번]을 쭉 이어서
   20회 반복하는 것이 1세트다.

팔이 상체와 떨어지지 않
도록 팔꿈치는 옆구리에
위치시키고 직각 상태를
유지한다.

팔꿈치를 과도하게 움직
이면 운동 효과가 떨어
지므로 주의한다.

1 양손에 덤벨을 들고 서서 상체를 앞으로 숙인다.

2 양팔을 뒤로 펴며 덤벨을 등 위로 끌어 올린
다. 다시 팔을 구부려 천천히 버티면서 1번
자세로 돌아온다.

운동 효과

✓ 팔과 등 전체 근육에 강한 자극을 준다.
✓ 등 스트레칭 효과가 있으며 매끈한 등 라인을 만들어준다.

⏱
**1세트 20회
3세트**

운동 부위

상완삼두근

밴드를 당길 때 상체가 구부러지면 안 된다. 이때 허리는 편 상태에서 가슴을 살짝 위로 들어준다.

3 밴드를 자신의 키보다 높은 곳에 고정시킨 후, 밴드가 살짝 팽팽해지도록 양손으로 잡고 상체를 앞으로 숙인다.

4 양팔을 펴며 밴드를 허벅지 쪽으로 끌어 당긴 후, 다시 천천히 3번 자세로 돌아간다.

스쿼트 + 맨손 굿모닝

→ [1번 → 3번]을 쭉 이어서
20회 반복하는 것이 1세트다.

허벅지가 지면과 수평이
될 때까지 무릎을 구부
린다. 이때 엉덩이를 살
짝 뒤쪽으로 빼주어야
운동 효과가 좋다.

TIP
발은 편한 방향으로 둔
다. 꼭 11자가 아니어도
상관없다.

1 양손을 머리 뒤에 얹고 양쪽 다리를 자신
의 어깨너비만큼 벌리고 선다. 가슴을 편
채로 무릎을 구부려 앉은 후, 발바닥으로
바닥을 밀어낸다는 느낌으로 일어선다.

2 양손을 머리 뒤에 얹은 상태를 유지한 채
양쪽 발을 어깨너비보다 좁게 벌린다. 상체
를 펴고 엉덩이를 살짝 뒤로 빼준다.

운동 효과

✓ 상·하체 근육 전체를 골고루 자극시키는 운동이다.

✓ 등, 엉덩이, 다리의 뒤태 라인을 탄력 있게 다듬어준다.

운동 부위

하체

상체를 세울 때는 허리는 곧게 펴고 무릎은 살짝 구부린 상태를 유지한다. 이때 무릎이 과도하게 구부러지지 않게 주의한다.

TIP
가슴이 지면과 수평이 될 때까지 상체를 숙인다.

TIP
3번 동작의 정면 모습.

3 등과 허리의 긴장을 유지하며 상체를 천천히 90도로 숙인다. 다시 상체를 천천히 세우며 2번 자세로 돌아온다.

밴드 힙 브릿지 + 토탈힙

→ [1번 → 4번]을 20회 반복 후,
5번을 20회(양쪽 번갈아 실시)
반복하는 것까지 1세트다.

밴드는 무릎 위에
위치시킨다.

1 양쪽 다리에 밴드를 낀 채 바닥에 누워 무릎을 구
부리고 양발을 어깨너비로 벌린다. 이때 양손은
엉덩이 옆에 위치시킨다.

2 엉덩이를 천장 방향으로 최대한 높이 들어 올린다.

운동 효과
✓ 코어 근육을 강화시키고 탄력 있는 애플 힙 라인을 만든다.
✓ 엉덩이 전체 근육을 골고루 발달시킨다.

🕐
1세트 20회
3세트

운동 부위
하체

TIP
3번 동작의 옆면 모습. 엉덩이가 내려오지 않아야 한다.

3 밴드가 팽팽하게 당겨질 정도로 양쪽 다리를 벌린다. 이때 양쪽 발의 위치는 고정시킨다.

4 다시 양쪽 다리를 오므려 2번 자세로 돌아온 후, 엉덩이를 바닥에 닿기 직전까지 내린다.

허리가 과도하게 꺾이지 않도록 주의한다.

5 밴드를 낀 채 바닥에 엎드린다. 한쪽 다리를 가슴 쪽으로 살짝 당긴 후, 반대쪽 다리를 천장 방향으로 곧게 들어 올린다. 천천히 버티면서 다시 가슴 쪽으로 무릎을 구부린다. 양쪽 다리를 번갈아 실시한다.

와이드 스쿼트 + 덤벨 원 레그 데드리프트

→ [1번 → 2번]을 20회 반복 후,
[3번 → 4번]을 20회(양쪽 번갈아 실시)
반복하는 것까지 1세트다.

TIP
동작을 실시하는 동안 양쪽 발끝과 무릎은 바깥쪽으로 45도 방향을 유지한다.

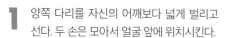

TIP
엉덩이를 살짝 뒤쪽으로 빼주어야 운동 효과가 좋다.

1 양쪽 다리를 자신의 어깨보다 넓게 벌리고 선다. 두 손은 모아서 얼굴 앞에 위치시킨다.

2 무릎을 구부리며 천천히 앉는다. 발바닥으로 바닥을 강하게 밀어내며 다시 일어선다.

✔ 허벅지부터 엉덩이, 허리, 상체 전반에 자극을 주는 운동이다.
✔ 몸의 균형 감각도 함께 길러준다.

자세가 흔들리지 않도록
허리, 복부 등 코어 근육
에 힘을 주고 실시한다.

3 허리를 곧게 편 상태에서 상체를 앞으로
숙인다. 동시에 한쪽 다리를 상체와 수평이
되도록 들어 올린다.

4 천천히 상체를 들어 올리면서 다리를 내려
준다. 양쪽 다리를 번갈아 실시한다.

워킹 런지(스텝박스)

1 스텝박스의 한 발 뒤쪽에서 양손을
허리에 얹고 양발을 모으고 선다.

2 한쪽 발을 스텝박스 위로 내딛으면서
양쪽 무릎을 구부린다.

운동 효과

✓ 하체 근력, 균형 감각을 향상시킨다.
✓ 엉덩이, 허벅지 군살 제거에 도움을 준다.

⏱
1세트 20회
3세트

운동 부위

하체

다리를 구부릴 때 무릎
이 발끝을 넘어가지 않도
록 주의한다.

3 다시 무릎을 펴면서 1번 자세로 돌아온다.
양쪽 다리를 번갈아 실시한다.

덤벨 프런트 레이즈

운동 효과

✓ 어깨 바깥쪽 근육에 집중적으로 자극을 준다.

✓ 어깨 양쪽 끝 라인을 매끄럽게 다듬어주는 운동이다.

⏱ **1세트 20회**
3세트

팔꿈치가 구부러지지 않도록 주의한다. 또한 동작을 너무 빠르게 실시하지 않는다.

TIP
손바닥이 허벅지 쪽을 향하도록 덤벨을 쥔다.

TIP
[2번→1번]에서 허벅지에 닿기 직전까지 덤벨을 내려야 운동 효과가 좋다.

1 양손에 덤벨을 들고 선다. 양쪽 덤벨은 서로 맞대어 허벅지 앞에 위치시킨다.

2 덤벨을 눈높이까지 들어 올린다.

밴드 사이드 래터럴 레이즈

운동 효과

✓ 어깨 삼각근에 자극을 주어 근육을 키울 수 있다.

✓ 군살 없는 어깨 라인과 날렵한 쇄골 라인을 만들어준다.

⏱ **1세트 20회**
3세트

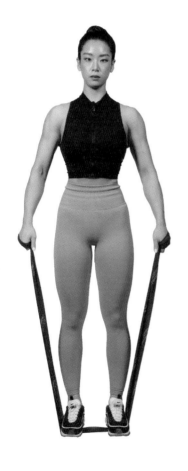

팔과 팔꿈치가 구부러지
지 않도록 주의한다.

1 양손에 밴드를 잡은 채 밴드의 가운데를
밟고 선다.

2 양팔을 몸에서 멀리 보내듯이 어깨 높이까
지 밴드를 끌어당긴다.

덤벨 밴트 오버 래터럴 레이즈

운동 효과

✓ 어깨 후면을 발달시키는 데 도움이 된다.

✓ 무리하지 말고 적당한 무게로 실시해야 효과가 높다.

⏱ **1세트 20회**
3세트

날개뼈는 최대한 고정시킨다.

팔이 어깨보다 뒤로 가지 않도록 주의한다.

1 양손에 덤벨을 들고 양발은 어깨너비보다 좁게 선다. 상체가 바닥과 수평이 될 때까지 앞으로 숙이고 양팔은 무릎 높이까지 내린다.

2 덤벨을 살짝 어깨 쪽으로 던지는 느낌으로 양팔을 들어 올린다.

5주차
목요일

덤벨 아놀드 프레스

등

운동 효과

✓ 어깨 삼각근에 자극을 주어 근육을 키울 수 있다.
✓ 어깨 라인을 다듬어주어 옷태가 좋아진다.

⏱ **1세트 20회**
3세트

TIP
2번 자세에서는 덤벨을 쥔 손바닥이 앞쪽을 향하도록 한다.

TIP
손바닥이 얼굴 쪽으로 향하도록 덤벨을 쥔다.

덤벨을 들어 올릴 때 허리가 꺾이지 않도록 복부의 힘을 빼지 않고 실시한다.

1 양발을 어깨너비로 벌리고 덤벨을 들고 선다. 팔꿈치를 구부려 덤벨이 눈높이에 위치하도록 한다.

2 양쪽 팔꿈치와 손목을 바깥으로 회전시키며 덤벨을 들어 올린다. 다시 반대로 회전시키면서 천천히 1번 자세로 돌아온다.

시티드 밴드 어브덕션
+ 힙 브릿지

→ [1번 → 5번]을 쭉 이어서
  20회 반복하는 것이 1세트다.

상체가 구부러지지
않게 주의한다.

1 양쪽 다리에 밴드를 낀 채 의자 끝에 엉덩이를 대고 앉는다. 양손은 의자를 잡고 상체는 곧게 세운 상태에서 앞으로 살짝 숙인다.

2 양발은 모은 상태에서 무릎을 최대한 넓게 벌려준 후, 다시 무릎을 모은다.

운동 효과

✓ 코어 근육을 강화시키고 탄력 있는 애플 힙 라인을 만든다.

✓ 엉덩이 전체 근육을 골고루 발달시킨다.

⏱ **1세트 20회
3세트**

운동 부위

하체

3 양쪽 다리에 밴드를 낀 채 바닥에 누워 무릎을 구부리고 양발을 어깨너비로 벌린다. 이때 양손은 엉덩이 옆에 위치시킨다. 엉덩이를 천장 방향으로 최대한 높이 들어 올린다.

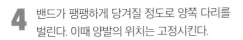

4 밴드가 팽팽하게 당겨질 정도로 양쪽 다리를 벌린다. 이때 양발의 위치는 고정시킨다.

5 다시 양쪽 다리를 오므린 후 엉덩이를 바닥에 닿기 직전까지 내린다.

밴드 토탈힙 + 덤벨 레그 컬

→ [1번 → 2번]을 양쪽 번갈아 실시한 후,
  바로 [3번 → 4번]으로 이어지는 것까지
  '1회 동작'이다.

1 양쪽 다리에 밴드를 낀 채 바닥에 양손과 무릎을 대고 엎드린 후, 한쪽 다리를 가슴 쪽으로 살짝 당긴다.

허리가 과도하게 꺾이지 않도록 주의한다.

2 한쪽 다리를 천장 방향으로 곧게 들어 올린다. 천천히 버티면서 1번 자세로 돌아온다. 양쪽 다리를 번갈아 실시한다.

운동 효과

✓ 엉덩이 전체 근육을 발달시켜 힙업에 도움이 된다.
✓ 허벅지 뒤쪽 근육을 함께 단련시킨다.

⏱ **1세트 20회
3세트**

운동 부위

엉덩이,
햄스트링,
척추기립근

덤벨이 떨어지지 않도록
두 발로 견고하게 잡는다.
이때 무리하게 무거운 덤
벨을 사용하지 않는다.

3 바닥에 엎드린 상태에서 양발로 덤벨을 잡고
양쪽 무릎을 살짝 구부린다.

[4번→3번]에서 무릎을 펼
때, 근육의 긴장을 잃지 않
도록 무릎을 완전히 다 펴
지 않는다.

4 양쪽 무릎을 구부려 덤벨을 엉덩이 쪽으로 끌어
당긴다. 다시 덤벨이 바닥에 닿기 전까지 무릎을
천천히 펴주며 3번 자세로 돌아간다.

워킹 런지

운동 효과

✓ 하체 근력, 균형 감각을 향상시킨다.
✓ 엉덩이, 허벅지 군살 제거에 도움을 준다.

⏱ **1세트 20회**
3세트

TIP
반대쪽 다리도 1, 2번과
똑같이 실시한다.

1 양손을 허리에 얹고 양발을 모으고 선다.

2 한쪽 발을 앞으로 내딛으면서 양쪽 무릎을 구부린다. 다시 무릎을 펴면서 1번 자세로 돌아온다. 양쪽 다리를 번갈아 실시한다.

점프 스쿼트

운동 효과

✓ 하체의 근육량 증가에 도움을 준다.

✓ 심폐지구력과 민첩성을 기를 수 있다.

⏱ **1세트 20회**
3세트

TIP
발은 편한 방향으로
둔다. 꼭 11자가 아니
어도 상관없다.

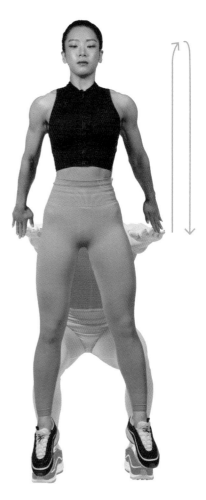

1 양발을 어깨너비만큼 벌린 다음, 양팔을 앞
으로 나란히 뻗고 무릎을 구부린다.

2 양발로 지면을 밀어내면서 살짝 점프하고
바닥에 착지하며 다시 1번 자세로 돌아간다.

6주차

운동 목표

1 6주 차는 전보다 더욱더 강한 자극에 집중하는 단계이다.

2 중량을 올리는 것에 집착하지 말고 몸에 따라 차근차근 난이도를 높인다.

3 매일매일 공통 스트레칭 + 준비 운동 동작을 마친 후 운동을 실시한다.

공통 스트레칭

⏱ 각 20회씩 × 3세트

p.46 참고

p.48 참고

p.50 참고

1. 목 스트레칭

2. 팔+어깨 스트레칭

3. 등+허리 스트레칭

p.52 참고

p.54 참고

p.56 참고

4. 하체 스트레칭 1

5. 하체 스트레칭 2

6. 하체 스트레칭 3

준비 운동

p.60
참고

1 벤치 버피테스트 2단계 ⏱ 15회씩 × 3세트

p.62
참고

2 벤치 버피테스트 3단계 ⏱ 15회씩 × 3세트

213

3 마운틴 클라이밍

p.69 참고

⏱ 15회씩 × 3세트

4 크런치

p.67 참고

⏱ 15회씩 × 3세트

p.70
참고

5 레그 레이즈　　　　　　　　　　　　　⏱ **15회씩 × 3세트**

마무리 운동　공통 스트레칭 - 6주 차 준비 운동 - 각 요일별 운동을 끝낸 후, 유산소 운동으로 마무리한다.

유산소
30분 이상　　→　　가볍게 걷기, 계단 오르기, 사이클 등 가능한 유산소 선택해서 실시

밴드 풀 오버 + 슈퍼맨

→ [1번 → 4번]을 쭉 이어서
  20회 반복하는 것이 1세트다.

밴드를 당길 때 상체가 구
부러지면 안 된다. 이때 허
리는 편 상태에서 가슴을
살짝 위로 들어준다.

1 밴드를 자신의 키보다 높은 곳에 고정시킨
후, 밴드가 살짝 팽팽해지도록 양손으로 잡
고 상체를 앞으로 숙인다.

2 양팔을 펴며 밴드를 허벅지 쪽으로 끌어
당긴다. 다시 천천히 1번 자세로 돌아간다.

운동 효과

✓ 상·하체 코어 근육, 척추기립근을 단련시킨다.
✓ 팔과 등의 군살을 제거하고 매끈한 등 라인을 만들어준다.

너무 빠르게 하지 말고 천천히, 자신의 가동 범위에 맞게 실시한다.

3 양팔을 머리 위로 편 채 바닥에 엎드린다.

4 양팔과 상체를 동시에 들어 올린 후, 다시 천천히 상체를 내린다.

덤벨 밴트 오버 로우
+ 시티드 밴드 로우

→ [1번 → 2번]을 20회 반복 후,
  [3번 → 4번]을 20회 반복하는
  것까지 1세트다.

덤벨을 들어 올릴 때 가슴을 쭉 펴고 상체가 구부러지지 않도록 한다. 그래야 등 근육에 자극이 잘 온다.

1 양손에 덤벨을 들고 서서 덤벨이 무릎 높이에 위치하도록 상체를 앞으로 숙인다.

2 가슴을 펴면서 동시에 팔꿈치를 구부리고 덤벨을 옆구리 높이까지 들어 올린다. 천천히 덤벨을 내리며 다시 1번 자세로 돌아온다.

⏱
1세트 20회
3세트

운동 부위

등

동작을 실시하는 동안 고무밴드의 탄성이 너무 약하거나 강하지 않게 주의한다.

TIP
[4번→3번]에서 팔이 완전히 펴지지 않도록 팔꿈치의 긴장을 유지한다.

3 밴드의 중앙을 자신의 가슴 정도 높이에 고정시킨 후, 밴드가 살짝 팽팽해지도록 끝을 양손으로 잡고 의자에 앉는다.

4 가슴을 펴면서 동시에 팔꿈치를 구부리고 밴드 끝을 옆구리까지 끌어당긴다. 호흡을 짧게 내뱉고 다시 천천히 팔을 펴준다.

덤벨 아놀드 프레스 + 프런트 레이즈

→ [1번 → 2번]을 20회 반복 후,
  [3번 → 4번]을 20회 반복하는
  것까지 1세트다.

TIP
2번 자세에서는 덤벨을 쥔 손바닥이 앞쪽을 향하도록 한다.

TIP
손바닥이 얼굴 쪽으로 향하도록 덤벨을 쥔다.

덤벨을 들어 올릴 때 허리가 꺾이지 않도록 복부의 힘을 빼지 않고 실시한다.

1 양발을 어깨너비로 벌리고 덤벨을 들고 선다. 팔꿈치를 구부려 덤벨이 눈높이에 위치하도록 한다.

2 양쪽 팔꿈치와 손목을 바깥으로 회전시키며 덤벨을 들어 올린다. 다시 반대로 회전시키면서 천천히 1번 자세로 돌아온다.

운동 효과

✓ 어깨 삼각근에 자극을 주어 근육을 키울 수 있다.

✓ 어깨 양쪽 끝 라인을 매끄럽게 다듬어주는 운동이다.

⏱ **1세트 20회**
3세트

등

팔꿈치가 구부러지지 않도록 주의한다. 또한 동작을 너무 빠르게 실시하지 않는다.

TIP
손바닥이 허벅지 쪽을 향하도록 덤벨을 쥔다.

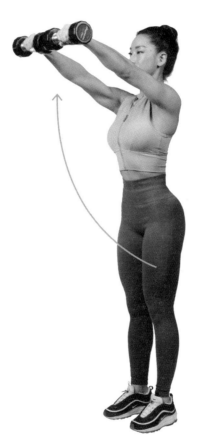

TIP
허벅지에 닿기 직전까지 덤벨을 내려야 운동 효과가 좋다.

3 양손에 덤벨을 들고 선다. 양쪽 덤벨은 허벅지 앞에 위치시킨다.

4 덤벨을 눈높이까지 들어 올린다.

221

밴드 사이드 래터럴 레이즈 + 밴트 오버 래터럴 레이즈

→ [1번 → 4번]을 쭉 이어서
  20회 반복하는 것이 1세트다.

팔과 팔꿈치가 구부러지
지 않도록 주의한다.

1 양손에 밴드를 잡은 채 밴드의 가운데를 밟고 선다.

2 양팔을 몸에서 멀리 보내듯이 어깨 높이까지 밴드를 끌어당긴다. 천천히 버티면서 다시 1번 자세로 돌아온다.

운동 효과

✓ 어깨 삼각근에 자극을 주어 근육을 키울 수 있다.
✓ 군살 없는 어깨 라인과 날렵한 쇄골 라인을 만들어준다.

⏱ 1세트 20회
3세트

운동 부위

어깨

날개뼈는 최대한 움직이지 않는다.

팔이 어깨보다 뒤로 가지
않도록 주의한다.

3 1번 자세에서 상체가 허벅지에 닿도록 앞으로 숙인다. 양손이 무릎 높이에 오도록 한다.

4 밴드를 쥔 손을 살짝 어깨 쪽으로 던지는 느낌으로 양쪽 팔을 들어 올린다. 천천히 버티면서 3번 자세로 돌아온다.

스쿼트 + 점핑잭

→ [1번 → 2번]을 20회 반복 후,
　[3번 → 5번]을 20회 반복하는
　것까지 1세트다.

TIP
발은 편한 방향으로 둔
다. 꼭 11자가 아니어도
상관없다.

엉덩이를 살짝 뒤쪽
으로 빼주어야 운동
효과가 좋다.

1 양손을 머리 뒤에 얹고 양쪽 다리를 자신
의 어깨너비만큼 벌리고 선다.

2 가슴을 편 채로 무릎을 구부려 앉는다. 발
바닥으로 바닥을 밀어낸다는 느낌으로 다
시 일어서며 1번 자세로 돌아온다.

🕐

1세트 20회
3세트

운동 부위

하체

TIP

다리를 벌리며 착지했
을 때는 발 뒤꿈치가
바닥에 닿도록 한다.

TIP

다리를 모으며 착지했
을 때는 발 앞꿈치가
바닥에 닿도록 한다.

3 양손을 모아 얼굴 앞에 위치
시킨 채 양발을 모으고 선다.

4 점프하면서 동시에 다리를 벌린
다. 착지할 때 무릎을 구부리며
앉는다.

5 무릎을 펴고 점프하며 동시에
다리를 모은다. 3번 자세로 착
지한다.

워킹 런지

1 양손을 허리에 얹고 양발을 모으고
선다.

2 한쪽 발을 앞으로 내딛으면서 양쪽 무릎을
구부린다.

다리를 구부릴 때 무릎
이 발끝을 넘어가지 않
도록 주의한다.

3 다시 무릎을 펴면서 1번 자세로 돌아온다.

4 양쪽 다리를 번갈아 실시한다.

맨손 굿모닝
+ 시티드 밴드 어브덕션

→ [1번 → 2번]을 20회 반복 후,
　[3번 → 4번]을 20회 반복하는
　것까지 1세트다.

상체를 세울 때는 허리는 곧게 펴
고 무릎은 살짝 구부린 상태를
유지한다. 이때 무릎이 과도하게
구부러지지 않게 주의한다.

TIP
가슴이 지면과 수평이 될 때까
지 상체를 숙인다. 이때 등과
허리, 엉덩이와 허벅지 뒤쪽 근
육이 늘어나는 자극을 느낀다.

1 양손을 머리 뒤에 얹고 양쪽 발을 어깨너
비보다 좁게 벌리고 선다. 상체를 펴고 엉
덩이를 살짝 뒤로 빼준다.

2 등과 허리의 긴장을 유지하며 상체를 천천
히 90도로 숙인다. 다시 상체를 천천히 세
우며 1번 자세로 돌아온다.

운동 효과

✓ 등, 엉덩이, 다리의 뒤태 라인을 탄력 있게 다듬어준다.
✓ 골반 안정화에 도움을 주는 운동이다.

⏱
1세트 20회
3세트

운동 부위

하체

상체가 구부러지지
않게 주의한다.

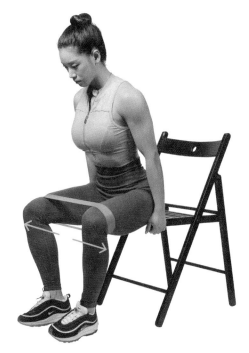

3 양쪽 다리에 밴드를 낀 채 의자 끝에 엉덩이를 대고 앉는다. 양손은 의자를 잡고 상체는 곧게 세운 상태에서 앞으로 살짝 숙인다.

4 양발은 모은 상태에서 무릎을 최대한 넓게 벌려준 후, 다시 무릎을 모으며 3번 자세로 돌아온다.

한 발 들고 힙 브릿지
+ 밴드 토탈힙

→ [1번 → 2번]을 20회(양쪽 번갈아 실시) 반복 후, [3번 → 4번]을 20회 (양쪽 번갈아 실시) 반복하는 것까지 1세트다.

1 바닥에 누워 양쪽 발을 어깨너비로 벌리고 무릎을 구부린다. 양손을 엉덩이 옆에 위치 시킨다. 엉덩이를 들어 올린다.

엉덩이가 바닥에 닿기 직전에 다시 엉덩이를 들어 올리는 것이 포인트! 동작이 너무 빨라지지 않도록 한다.

TIP
반대쪽도 똑같은 방법으로 실시한다.

2 한쪽 다리와 엉덩이를 천장 방향으로 최대한 높이 들어 올린다. 1초 정도 멈췄다가 다시 천천히 엉덩이를 바닥에 닿기 직전까지 내린다.

✓ 코어 근육을 강화시키고 힙업에 도움이 된다.

✓ 등 스트레칭에도 효과가 있다.

⏱ **1세트 20회**
3세트

운동 부위

하체,
척추기립근

3 양쪽 다리에 밴드를 낀 채 바닥에 양손과
무릎을 대고 엎드린 후, 한쪽 다리를 가슴
쪽으로 살짝 당긴다.

허리가 과도하게 꺾이
지 않도록 주의한다.

TIP
반대쪽도 똑같이 실시한다.

4 한쪽 다리를 천장 방향으로 곧게 들어 올린다.
천천히 버티면서 3번 자세로 돌아온다. 양쪽 다
리를 번갈아 실시한다.

밴드 풀 다운

운동 부위

하체

운동 효과

✓ 광배근 상하부를 자극시켜 등 근육 발달에 도움을 준다.
✓ 등과 허리 라인을 슬림하게 만든다.

⏱ **1세트 20회**
3세트

TIP
양쪽 날개뼈가 맞닿을 정
도로 양쪽 팔꿈치를 등 뒤
로 모은다.

밴드를 당길 때 상체가
구부러지면 안 된다.

1 밴드를 자신의 키보다 높은 곳에 고정시킨
후, 양손으로 밴드 끝을 잡은 상태에서 상
체를 앞으로 숙인다.

2 양쪽 팔꿈치를 등 뒤로 모으는 느낌으로
밴드를 아래로 끌어당긴다.

덤벨 킥 백

상완삼두근

운동 효과

✓ 팔의 뒤쪽 근육을 골고루 단련시킨다.

✓ 출렁이는 살을 제거하고 탄탄하고 매끈한 팔 라인을 만들 수 있다.

⏱ **1세트 20회**
3세트

팔이 상체와 떨어지지 않도록 팔꿈치는 옆구리에 위치시키고 직각 상태를 유지한다.

1번 자세로 돌아올 때 팔의 긴장이 풀려 밴드가 느슨해지지 않도록 주의한다.

1 양팔에 덤벨을 들고 서서 상체를 앞으로 숙인다.

2 팔꿈치를 고정시킨 상태에서 양팔을 뒤로 펴며 덤벨을 등 위로 끌어 올린다.

밴드 해머 컬

운동 효과

✓ 팔의 위쪽 전면 근육에 강한 자극을 준다.
✓ 어깨 전면과 전완근 발달에도 도움이 된다.

⏱ **1세트 20회**
3세트

TIP

양쪽 손바닥이 서로
마주 보도록 덤벨을
쥔다.

근육의 긴장을 유지하
며 반복 실시한다. 팔꿈
치를 고정시킨 채 밴드
를 끌어 당긴다.

1 양손에 밴드를 잡은 채 밴드의 가운데를
밟고 선다.

2 팔꿈치를 구부려 벤드를 어깨 방향으로 끌
어당긴다.

시티드 덤벨 컬

운동 효과

✓ 팔의 위쪽 전면 근육에 강한 자극을 준다.
✓ 어깨 전면과 전완근 발달에도 도움이 된다.

⏱ **1세트 20회**
3세트

TIP
덤벨을 쥘 때 양쪽 덤벨이 서로 마주 보도록 한다.

덤벨을 내릴 때 팔을 완전히 펴지 말고 긴장을 유지한다.

1 양손에 덤벨을 들고 상체와 하체의 각도가 100도 정도가 되도록 의자에 비스듬히 앉는다. 양팔은 허벅지 옆으로 내린다.

2 팔을 굽혀 덤벨을 가슴까지 들어 올린다. 이때 덤벨이 몸을 스치듯이 올라가야 한다. 1초 정도 유지한 후 천천히 덤벨을 내린다.

푸시업
+ 고양이 자세 한쪽 로테이션

→ [1번 → 2번]을 20회 반복 후,
 [3번 → 4번]을 20회(양쪽 번갈아
 실시) 반복하는 것까지 1세트다.

양손은 너무 넓거나 좁게
놓지 않는다.

1 팔꿈치와 무릎을 편 채 바닥에 엎드린다.

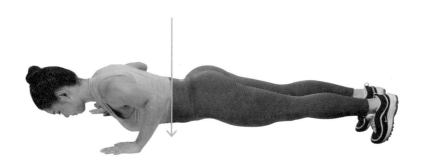

2 팔꿈치를 천천히 구부리면서 양손이 가슴 옆에 위
치할 때까지 상체를 내린다. 천천히 버티면서 다시
1번 자세로 돌아온다.

운동 효과

✓ 어깨, 가슴 근육을 함께 단련시킬 수 있다.

✓ 등과 어깨에 스트레칭 효과도 준다.

**1세트 20회
3세트**

운동 부위

가슴, 등

3 양손과 무릎을 바닥에 대고 고양이 자세를 취한다. 한쪽 손을 머리 뒤에 얹고 상체를 안쪽으로 살짝 비튼다.

TIP
허리에 무리가 가지 않도록 자신의 가동범위에 맞게 실시한다.

TIP
4번의 반대쪽 동작

4 팔꿈치를 위로 들어 올리면서 상체를 바깥으로 회전시킨다. 다시 천천히 3번 자세로 돌아온다. 양쪽 번갈아 실시한다.

슈퍼맨

운동 효과

✓ 상·하체 코어 근육, 척추기립근을 단련시킨다.

✓ 전신 체지방 제거와 힙업에 도움을 준다.

⏱ **1세트 20회**
3세트

1 양팔을 머리 위로 편 채 바닥에 엎드린다.

너무 빠르게 하지 말고 천천히, 자신의 가동 범위에 맞게 실시한다.

2 양팔과 상체, 하체를 동시에 들어 올린 후, 다시 천천히 내린다.

백 익스텐션 + 밴드 로우

등, 엉덩이

운동 효과

✔ 팔과 등 전체 근육에 자극을 준다.

✔ 척추기립근을 함께 강화시킨다.

⏱ **1세트 20회**
3세트

1 밴드를 낮은 곳에 고정시킨 후 밴드 끝을 양손으로 각각 쥔 채 양팔을 머리 위로 펴고 바닥에 엎드린다.

밴드를 늘이고 줄일 때 천천히 버티면서 실시해 야 운동 효과가 좋다.

TIP

양쪽 날개뼈가 맞닿을 정도로 양쪽 팔꿈치를 등 위로 최대한 끌어 올 린다.

2 양팔과 상체를 들어 올리며 동시에 팔꿈치를 굽혀 밴드의 끝을 가슴 옆까지 끌어당긴다. 상체는 그대 로 유지한 채 천천히 팔꿈치를 펴준다.

덤벨 스티프 데드리프트
+ 밴트 오버 로우

→ [1번 → 3번]을 쭉 이어서
   20회 반복하는 것이 1세트다.

TIP
손바닥이 허벅지
쪽을 향하도록 덤
벨을 쥔다.

허리가 구부러지지 않게 주
의한다. 무릎을 많이 구부
리면 운동 효과가 떨어진다.

TIP
무릎은 살짝만 굽힌다.

1 양손에 덤벨을 들고 양발은 어깨너비
보다 좁게 선다.

2 상체와 팔꿈치를 곧게 편 상태에서 앞으로
숙인다. 이때 덤벨은 허벅지 옆을 쓸어내리
는 느낌으로 무릎 아래까지 내린다.

운동 효과

✓ 등, 하체 근육을 한 번에 단련시킨다.
✓ 등의 군살을 제거하고 근육을 선명하게 만든다.

🕐
1세트 20회
3세트

운동 부위

하체, 등

덤벨을 들어 올릴 때 양쪽 날
개뼈가 맞닿을 정도로 가슴
과 허리를 최대한 편다. 그래
야 등 근육에 자극이 잘 온다.

TIP
덤벨을 쥘 때 양쪽
덤벨이 서로 마주
보도록 한다.

3 가슴을 펴면서 동시에 팔꿈치를 구부리고 덤벨
을 옆구리 높이까지 들어 올린다. 호흡을 짧게
내뱉고 다시 천천히 [2번→1번] 순서로 돌아온다.

밴드 풀 오버

운동 효과

✓ 팔과 등 전체 근육에 자극을 준다.

✓ 등 스트레칭 효과가 있으며 매끈한 등 라인을 만들어준다.

⏱ **1세트 20회**
3세트

허리는 편 상태에서 가슴을 살짝 위로 들어준다. 밴드를 당길 때 상체가 구부러지지 않도록 주의한다.

1 밴드를 자신의 키보다 높은 곳에 고정시킨 후, 밴드가 살짝 팽팽해지도록 양손으로 잡고 상체를 앞으로 숙인다.

2 양팔을 펴며 밴드를 허벅지 쪽으로 당긴 후, 다시 천천히 1번 자세로 돌아간다.

사이드 런지

운동 효과

✓ 하체 체지방을 단시간에 제거할 수 있다.

✓ 다리 근육, 특히 허벅지 근육을 단련할 수 있다.

⏱ **1세트 20회**
3세트

한쪽 무릎을 구부릴 때 반대쪽 다리가 따라서 구부러지지 않도록 주의한다.

1 양쪽 다리를 넓게 벌리고 선다. 한쪽 무릎을 구부리면서 반대쪽 다리를 곧게 펴준 후, 구부러진 다리에 힘을 주며 다시 일어난다.

2 바로 반대쪽 다리를 구부린다. 양쪽 번갈아 실시한다.

와이드 스쿼트 + 점핑잭

→ [1번 → 4번]을 쭉 이어서
   20회 반복하는 것이 1세트다.

TIP

동작을 실시하는 동안
양쪽 발끝과 무릎은 바
깥쪽으로 45도 방향을
유지한다.

엉덩이를 살짝 뒤쪽
으로 빼주어야 운동
효과가 좋다.

1 양손을 모아 얼굴 앞에 위치시키고 양쪽 다리
를 자신의 어깨보다 넓게 벌리고 선다. 무릎을
구부려 앉은 후, 발바닥으로 바닥을 밀어내는
느낌으로 천천히 일어선다.

2 양손을 모아 얼굴 앞에 위치시키고 양발을
모으고 선다.

운동 효과

✓ 아랫배와 하체 지방을 집중적으로 연소시킨다.

✓ 전신 근력 강화시키고 많은 칼로리를 소모하는 운동이다.

⏱ **1세트 20회**
3세트

운동 부위

가슴, 등

TIP
다리를 벌리며 착지했을 때는 발 뒤꿈치가 바닥에 닿도록 한다.

TIP
다리를 모으며 착지했을 때는 발 앞꿈치가 바닥에 닿도록 한다.

3 점프하면서 동시에 다리를 벌린다. 착지할 때 무릎을 구부리며 앉는다.

4 무릎을 펴며 점프하는 동시에 다리를 모은다. 2번 자세로 착지한다.

맨손 굿모닝 + 스쿼트

→ [1번 → 4번]을 쭉 이어서
  20회 반복하는 것이 1세트다.

상체를 세울 때는 허리는 곧게 펴고 무릎은 살짝 구부린 상태를 유지한다. 이때 무릎이 과도하게 구부러지지 않게 주의한다.

TIP
가슴이 지면과 수평이 될 때까지 상체를 숙인다. 이때 등과 허리, 엉덩이와 허벅지 뒤쪽 근육이 늘어나는 자극을 느낀다.

1 양손을 머리 뒤에 얹고 양쪽 발을 어깨너비보다 좁게 벌린다. 상체를 펴고 엉덩이를 살짝 뒤로 빼준다.

2 등과 허리의 긴장을 유지하며 상체를 천천히 90도로 숙였다가 세운다.

운동 효과

✓ 상·하체 근육 전체를 골고루 자극시키는 운동이다.
✓ 등, 엉덩이, 다리의 뒤태 라인을 탄력 있게 다듬어준다.

🕐
**1세트 20회
3세트**

운동 부위

가슴, 등

TIP
발은 편한 방향으로 둔
다. 꼭 11자가 아니어도
상관없다.

엉덩이를 살짝 뒤쪽
으로 빼주어야 운동
효과가 좋다.

3 양손을 머리 뒤에 얹고 양발을 어깨너비만
큼 벌리고 선다.

4 가슴을 편 채로 무릎을 구부려 앉은 후, 발
바닥으로 바닥을 밀어낸다는 느낌으로 일
어서서 3번 동작으로 돌아온다.

제자리 런지(좁게)
+ 덤벨 원 레그 데드리프트

→ [1번 → 2번]을 20회(양쪽 번갈아
실시) 반복 후, [3번 → 4번]을 20회
(양쪽 번갈아 실시) 반복하는 것까
지 1세트다.

무릎을 구부릴 때 앞
쪽 다리가 발끝을 넘
지 않도록 주의한다.

1 양발을 앞뒤로 넓게 벌리고 선다. 이때 발
의 끝은 정면을 향한다.

2 몸을 아래로 누르는 느낌으로 양쪽 다리를
구부린다. 다시 무릎을 펴고 천천히 1번 자
세로 돌아온다. 양쪽 번갈아 실시한다.

⏱ **1세트 20회**
3세트

운동 부위

하체

자세가 흔들리지 않도록
허리, 복부 등 코어 근육
에 힘을 주고 실시한다.

4 허리를 곧게 편 상태에서 상체를 앞으로
숙인다. 동시에 한쪽 다리를 상체와 수평이
되도록 들어 올린다.

3 양손에 덤벨을 들고 양발은 어깨
너비보다 좁게 선다.

5 천천히 상체를 들어 올리면서 다리
를 내려준다. 양쪽 번갈아 실시한다.

7주차

운동 목표

1 7주 차는 체지방이 눈에 띄게 줄고 근육이 선명해지는 단계이다.

2 난이도가 높은 동작이기 때문에 단계마다 더욱 더 집중해서 운동한다.

3 매일매일 공통 스트레칭 + 준비 운동 동작을 마친 후 운동을 실시한다.

공통 스트레칭

⏱ 각 **20회씩 × 3세트**

1. 목 스트레칭

p.46 참고

2. 팔+어깨 스트레칭

p.48 참고

3. 등+허리 스트레칭

p.50 참고

4. 하체 스트레칭 1

p.52 참고

5. 하체 스트레칭 2

p.54 참고

6. 하체 스트레칭 3

p.56 참고

준비 운동

p.60
참고

1 벤치 버피테스트 2단계   ⏱ 15회씩 × 3세트

p.62
참고

2 벤치 버피테스트 3단계   ⏱ 15회씩 × 3세트

3   시저스킥

⏱ **15회씩 × 3세트**

p.73
참고

4   크런치

⏱ **15회씩 × 3세트**

p.67
참고

5 브이업

p.71
참고

⏱ **15회씩 × 3세트**

마무리 운동 공통 스트레칭 - 7주 차 준비 운동 - 각 요일별 운동을 끝낸 후, 유산소 운동으로 마무리한다.

유산소
30분 이상 → 가볍게 걷기, 계단 오르기, 사이클 등 가능한 유산소 선택해서 실시

밴드 어깨 로테이션
+ 사이드 래터럴 레이즈

→ [1번 → 2번]을 20회 반복 후,
[3번 → 4번]을 20회 반복하는
것까지 1세트다.

TIP
이때 손바닥을 천장 방향으로 향하게 하고 팔꿈치는 직각으로 만든다.

1 양손에 밴드를 잡고 선다.

2 팔꿈치를 옆구리에 고정시킨 상태에서 밴드를 양 옆으로 잡아당겼다가 1번 자세로 돌아온다.

운동 효과

✓ 어깨 앞뒤 근육을 회전시키며 등과 어깨를 부드럽게 풀어준다.
✓ 삼각근에 자극을 주어 탄탄한 어깨 라인을 만든다.

**1세트 20회
3세트**

운동 부위

등

밴드를 끌어 올릴 때 팔은 반드시 쭉 편 상태를 유지해야 운동 효과가 좋다.

3 양손에 밴드를 잡은 채 밴드의 가운데를 밟고 선다.

4 양팔을 몸에서 멀리 보내듯이 어깨 높이까지 밴드를 끌어 올린다. 천천히 버티면서 다시 3번 자세로 돌아온다.

덤벨 스티프 데드리프트
+ 밴트 오버 래터럴 레이즈

→ [1번 → 2번]을 20회 반복 후,
　 [3번]을 20회 반복하는 것까지
　 1세트다.

허리가 구부러지지 않게
주의한다. 무릎을 많이
구부리면 운동 효과가 떨
어진다.

1 양손에 덤벨을 들고 양발은 어깨너비
보다 좁게 선다.

2 상체와 팔꿈치를 곧게 편 상태에서 앞으로
숙인다. 이때 덤벨은 허벅지 위를 쓸어내리
는 느낌으로 무릎 아래까지 내린다.

운동 효과

✓ 등, 하체 근육을 한 번에 단련시킨다.
✓ 엉덩이, 허벅지, 어깨의 후면에 강한 자극을 준다.

⏱ **1세트 20회**
3세트

운동 부위

하체,
어깨 후면

팔이 어깨보다 뒤로 가지
않도록 주의한다.

TIP
2, 3번 동작을 실시할 때
무릎은 살짝만 굽힌다.

3 덤벨을 쥔 손을 살짝 어깨 쪽으로 던지는 느낌
으로 양팔을 들어 올린다. 천천히 버티면서 2번
자세로 돌아온다.

밴드 풀 다운 + 킥 백

→ [1번 → 4번]을 쭉 이어서
  20회 반복하는 것이 1세트다.

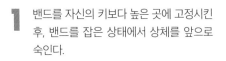
밴드를 당길 때 상체가 구
부러지면 안 된다. 이때 허
리는 편 상태에서 가슴을
살짝 위로 들어준다.

1 밴드를 자신의 키보다 높은 곳에 고정시킨
후, 밴드를 잡은 상태에서 상체를 앞으로
숙인다.

2 팔을 180도로 쭉 펴면서 밴드를 허벅지 옆
까지 끌어당긴다.

운동 효과

✓ 광배근 상하부를 자극시켜 등 근육 발달에 도움을 준다.
✓ 출렁이는 살을 제거하고 탄탄하고 매끈한 팔 라인을 만들 수 있다.

⏱ **1세트 20회**
3세트

운동 부위

등

팔꿈치를 허리에 고정
시킨 채 실시해야 팔 근
육에 자극이 잘 온다.

3 팔꿈치를 직각으로 구부렸다가 다시 팔꿈치
를 180도로 쭉 편다.

4 천천히 버티면서 1번 자세로 돌아간다.

밴드 오버 헤드 익스텐션
+ 덤벨 라잉 트라이셉스 익스텐션

→ [1번 → 2번]을 20회 반복 후,
  [3번 → 4번]을 20회 반복하는
  것까지 1세트다.

양쪽 팔꿈치가 벌어지
지 않도록 주의한다.

1 양발을 모아 밴드 중앙을 밟고 서서 밴드
가 살짝 팽팽해지도록 양손으로 잡고 머리
뒤에 위치시킨다.

2 양팔을 귀에 붙인 상태로 팔꿈치를 펴서
밴드를 머리 위쪽으로 끌어당긴다. 천천히
팔을 구부리며 1번 자세로 돌아온다.

운동 효과

✓ 팔 위쪽의 전면과 후면 근육을 골고루 단련시킨다.
✓ 슬림하고 선명한 팔 근육을 만들 수 있다.

⏱ **운동 부위**

1세트 20회
3세트

상완삼두근

3 양손에 덤벨을 들고 바닥에 누워 무릎을 구부린다. 양손을 모아 덤벨을 천장 방향으로 들어 올린다.

팔꿈치를 허리에 고정시킨 채 실시해야 팔 근육에 자극이 잘 온다.

4 팔꿈치를 이마 방향으로 구부린다. 다시 천천히 팔을 펴며 3번 자세로 돌아온다.

덤벨 원 레그 데드리프트

자세가 흔들리지 않도록 허리, 복부를 곧게 펴고 코어 근육에 힘을 주고 실시한다.

1 양손에 덤벨을 들고 양발은 어깨 너비보다 좁게 선다.

2 상체를 앞으로 숙이면서 한쪽 다리가 상체와 수평이 되도록 들어 올린다. 다시 천천히 상체를 들어 올리면서 다리를 내려준다. 3세트 반복 후 반대쪽도 똑같이 실시한다.

운동 효과

✓ 허벅지부터 엉덩이, 허리, 상체 전반에 자극을 주는 운동이다.
✓ 몸의 균형 감각도 함께 길러준다.

🕐
**1세트 20회
3세트**

TIP
두 다리를 모으지 않은 상태로 2번
동작을 반복적으로 실시한다.

TIP
반대쪽 다리도 똑같이 실시한다.

덤벨 스플릿 스쿼트(의자) + 맨손 굿모닝

→ [1번 → 2번]을 20회(양쪽 번갈
   아 실시) 반복 후, [3번 → 4번]
   을 20회 반복하는 것까지 1세
   트다.

1 의자는 등 뒤에 두고 양손에 덤벨을 쥔 후,
   한쪽 발을 의자 위에 걸치고 선다.

TIP
반대쪽 다리도 똑같은
방법으로 실시한다.

2 몸을 아래로 누르는 느낌으로 양쪽 다리를 구
   부린다. 다시 무릎을 펴며 천천히 일어선다.
   양쪽 번갈아 실시한다.

264

운동 효과

✓ 상·하체 근육 전체를 골고루 자극시키는 운동이다.
✓ 등, 엉덩이, 다리의 뒤태 라인을 탄력 있게 다듬어준다.

**1세트 20회
3세트**

운동 부위

하체

상체를 세울 때는 허리는 곧게 펴고 무릎은 살짝 구부린 상태를 유지한다. 이때 무릎이 과도하게 구부러지지 않게 주의한다.

TIP

가슴이 지면과 수평이 될 때까지 상체를 숙인다. 이때 등과 허리, 엉덩이와 허벅지 뒤쪽 근육이 늘어나는 자극을 느낀다.

엉덩이를 살짝 뒤쪽으로 빼주어야 운동 효과가 좋다.

3 양손을 머리 뒤에 얹은 상태를 유지한 채 양발을 어깨너비보다 좁게 벌린다. 상체를 펴고 엉덩이를 살짝 뒤로 빼준다.

4 등과 허리의 긴장을 유지하며 상체를 천천히 90도로 숙인다. 다시 상체를 천천히 세우며 3번 자세로 돌아온다.

밴드 스쿼트
+ 시티드 어브덕션

→ [1번 → 2번]을 20회 반복 후,
  [3번 → 4번]을 20회 반복하는
  것까지 1세트다.

TIP
발은 편한 방향으로 둔
다. 꼭 11자가 아니어도
상관없다.

엉덩이를 살짝 뒤쪽
으로 빼주어야 운동
효과가 좋다.

1 밴드를 다리에 끼운 다음 양손을 머리 뒤
에 얹고 어깨너비만큼 벌리고 선다.

2 무릎을 구부리면서 동시에 바깥쪽으로 벌
리고 밴드를 양쪽으로 당긴다. 다시 바닥을
강하게 밀어내며 1번 동작으로 돌아온다.

운동 효과

✓ 하체 근육을 골고루 자극하는 운동이다.

✓ 특히 엉덩이 위쪽 근육과 허벅지를 단련시킨다.

🕐 **1세트 20회**
3세트

운동 부위

하체

허리가 구부러지지
않게 주의한다.

3 양쪽 다리에 밴드를 낀 채 의자 끝에 엉덩이를 대고 앉는다. 양손은 의자를 잡고 상체는 곧게 세운 상태에서 앞으로 살짝 숙인다.

4 양발은 모은 상태에서 무릎을 최대한 넓게 벌려준 후, 다시 무릎을 모아 3번으로 돌아온다.

워킹 런지

1 양손을 허리에 얹고 양발을 모으고 선다.

2 발을 앞으로 내딛으면서 양쪽 무릎을 구부린다. 다시 무릎을 펴면서 1번 자세로 돌아온다.

운동 효과

✓ 하체 근력, 균형 감각을 향상시킨다.

✓ 엉덩이, 허벅지 군살 제거에 도움을 준다.

운동 부위

⏱ **1세트 20회**
3세트

하체

다리를 구부릴 때 무릎이 발끝을 넘어가지 않도록 주의한다.

3 양쪽 다리를 번갈아 실시한다.

밴드 풀 오버

운동 효과

✓ 팔과 등 전체 근육에 자극을 준다.

✓ 등 스트레칭 효과가 있으며 매끈한 등 라인을 만들어준다.

⏱ **1세트 20회**
3세트

45°

밴드를 당길 때 상체가 구부러지면 안 된다. 이 때 허리는 편 상태에서 가슴을 살짝 위로 들어 준다.

1 밴드를 자신의 키보다 높은 곳에 고정시킨 후, 밴드가 살짝 팽팽해지도록 양손으로 잡고 상체를 앞으로 숙인다.

2 양팔을 펴며 밴드를 아래로 허벅지 쪽으로 당긴다.

시티드 밴드 원 암 로우

운동 부위

상완삼두근

운동 효과

✓ 팔, 등 위쪽과 중간의 근육을 단련시킨다.

✓ 한 팔씩 실시하기 때문에 더욱 강하게 근력을 키울 수 있다.

⏱ **1세트 20회**
3세트

1번 자세로 돌아올 때 팔의 긴장이 풀려 밴드가 느슨해지지 않도록 주의한다.

1 의자에 앉은 상태에서 밴드를 자신의 명치 정도의 높이에 고정시킨 후, 한쪽 팔을 뻗어 밴드를 잡는다.

2 팔꿈치를 구부리며 천천히 밴드를 옆구리까지 끌어당긴다. 반대쪽도 똑같이 실시한다.

슈퍼맨

운동 효과

✔ 상·하체 코어 근육, 척추기립근을 단련시킨다.

✔ 전신 체지방 제거와 힙업에 도움을 준다.

⏱ **1세트 20회
3세트**

1 양팔을 머리 위로 편 채 바닥에 엎드린다.

너무 빠르게 하지 말고 천천히, 자신의 가동 범위에 맞게 실시한다.

2 상체와 하체를 동시에 들어 올린 후, 다시 천천히 내린다.

백 익스텐션 + 밴드 로우

운동 효과

✓ 팔과 등 전체 근육에 자극을 준다.
✓ 척추기립근을 함께 강화시킨다.

⏱ **1세트 20회**
3세트

1 밴드를 낮은 곳에 고정시킨 후 밴드 끝을 양손으로
각각 쥔 채 바닥에 엎드린다. 이 상태에서 상체만
위로 들어 올린다.

밴드를 늘이고 줄일 때
천천히 버티면서 실시해
야 운동 효과가 더 좋다.

TIP
양쪽 날개뼈가 맞닿을 정도로 밴드
를 강하게 끌어당긴다.

2 양쪽 팔과 상체를 동시에 들어 올리며 동시에 팔
꿈치를 굽혀 밴드의 끝을 가슴 옆까지 끌어당긴다.
상체는 그대로 유지한 채 천천히 팔꿈치를 펴준다.

덤벨 컬 + 해머 컬

→ [1번 → 2번]을 20회 반복 후,
  [3번 → 4번]을 20회 반복하는
  것까지 1세트다.

덤벨을 쥘 때 손바닥
이 바깥쪽을 향하도
록 한다.

TIP

[2번→1번]에서 팔을 완
전히 펴지 말고 근육의
긴장을 유지한다.

1 양손에 덤벨을 들고 양발은 어깨너비
만큼 벌리고 선다.

2 팔을 구부려 덤벨을 가슴 높이까지 끌어당
긴다. 호흡을 짧게 내뱉고 팔을 천천히 펴
준다.

운동 효과

✓ 팔의 위쪽 전면 근육에 강한 자극을 준다.
✓ 어깨 전면과 전완근 발달에도 도움이 된다.

1세트 20회
3세트

운동 부위

하체

TIP

1-4번 동작 모두 팔꿈치를
고정시키고 실시한다.

덤벨을 쥘 때 양쪽 덤벨
이 서로 마주 보도록 손
바닥이 몸 쪽을 향하도
록 한다.

TIP

[4번→3번]에서 팔을 완
전히 펴지 말고 근육의
긴장을 유지한다.

3 양손에 덤벨을 들고 양발은 어깨너비
만큼 벌리고 선다.

4 팔꿈치를 구부려 덤벨을 어깨 방향으로 들
어 올린다. 호흡을 짧게 내뱉고 팔을 천천
히 펴준다.

덤벨 숄더 프레스

운동 부위

어깨

운동 효과

✓ 어깨와 팔의 근력을 향상시킨다.

✓ 어깨 양쪽 끝 라인을 매끄럽게 다듬어주는 운동이다.

⏱ **1세트 20회**
3세트

팔꿈치를 직각 상태로 만들어야 운동 효과가 높다.

덤벨을 들어 올릴 때 손목이 꺾이거나 허리가 구부러지면 안 된다. 복부에도 힘이 빠지지 않도록 주의한다.

1 양손에 덤벨을 들고 양발은 어깨너비보다 좁게 선다. 팔꿈치를 구부려 덤벨이 양쪽 귀 높이에 위치하도록 한다.

2 덤벨을 수직으로 들어 올린다.

밴드 펙덱 플라이

운동 효과

✓ 가슴과 어깨 후면 근육에 자극을 준다.

✓ 안쪽 가슴을 강하게 모아준다.

⏱ **1세트 20회**
3세트

팔이 구부러지지
않도록 주의한다.

1 밴드를 자신의 어깨 정도 높이에 고정시킨
후, 밴드가 살짝 팽팽해지도록 양손으로 잡
고 양팔을 옆으로 벌린다.

2 양손을 모으며 밴드를 가슴 앞쪽까지 끌어
당긴다.

밴드 오버 헤드 익스텐션

운동 부위

어깨

운동 효과

✓ 팔 위쪽의 후면 근육을 집중적으로 단련시킨다.

✓ 출렁이는 살을 제거하고 탄탄하고 매끈한 팔 라인을 만들 수 있다.

⏱ **1세트 20회**
3세트

양쪽 팔꿈치가 서로 벌어지지 않도록 주의한다.

밴드를 발 뒤꿈치에 걸어서 실시해도 효과적이다.

1 밴드를 발 뒤꿈치에 고정시킨 후 밴드가 살짝 팽팽해지도록 양손으로 잡고 머리 뒤에 위치시킨다.

2 양팔을 귀에 붙인 상태로 팔꿈치를 펴서 밴드를 머리 위쪽으로 끌어당긴다.

밴드 풀 다운

운동 효과

✓ 광배근 상하부를 자극시켜 등 근육 발달에 도움을 준다.
✓ 등과 허리 라인을 슬림하게 만든다.

⏱ **1세트 20회**
3세트

밴드를 당길 때 상체가
구부러지면 안 된다.

TIP

양쪽 날개뼈가 맞닿을 정도
로 양쪽 팔꿈치를 최대한 등
뒤로 모은다.

1 밴드를 자신의 키보다 높은 곳에 고정시킨
후, 양손으로 밴드 끝을 잡은 상태에서 상
체를 앞으로 숙인다.

2 양쪽 팔꿈치를 등 뒤로 모으는 느낌으로
밴드를 아래로 끌어당긴다.

맨손 굿모닝 + 레그 컬

→ [1번 → 2번]을 20회 반복 후,
[3번 → 4번]을 20회 반복하는
것까지 1세트다.

상체를 세울 때는 허리는 곧
게 펴고 무릎은 살짝 구부린
상태를 유지한다. 이때 무릎
이 과도하게 구부러지지 않게
주의한다.

엉덩이를 살짝 뒤쪽
으로 빼주어야 운동
효과가 좋다.

TIP
가슴이 지면과 수평이 될 때까
지 상체를 숙인다. 이때 등과
허리, 엉덩이와 허벅지 뒤쪽 근
육이 늘어나는 자극을 느낀다.

1 양손을 머리 뒤에 얹고 양쪽 발을 어깨너
비보다 좁게 벌린다.

2 등과 허리의 긴장을 유지하며 상체를 천천
히 90도로 숙인다. 다시 상체를 천천히 세
우며 1번 자세로 돌아온다.

운동 효과

✓ 등, 엉덩이, 다리의 뒤태 라인을 탄력 있게 다듬어준다.
✓ 허벅지와 뒤쪽 근육을 집중적으로 단련시킨다.

⏱
1세트 20회
3세트

운동 부위

하체

3 바닥에 엎드린 상태에서 양발로 덤벨을 잡고
양쪽 무릎을 살짝 구부린다.

[4번→3번]에서 무릎을
펼 때, 근육의 긴장을
잃지 않도록 무릎을 완
전히 다 펴지 않는다.

4 양쪽 무릎을 구부려 덤벨을 엉덩이 쪽으로 끌
어당긴다. 다시 덤벨이 바닥에 닿기 전까지 무
릎을 천천히 펴주며 3번 자세로 돌아간다.

스쿼트 + 맨손 굿모닝

→ [1번 → 2번]을 20회 반복 후,
[3번 → 4번]을 20회 반복하는
것까지 1세트다.

TIP
발은 편한 방향으로 둔
다. 꼭 11자가 아니어도
상관없다.

1 양손을 머리 뒤에 얹고 양쪽 다리를 자신
의 어깨너비만큼 벌리고 선다.

2 가슴을 편 채로 무릎을 구부려 앉은 후, 발
바닥으로 바닥을 밀어낸다는 느낌으로 일
어선다.

운동 효과

- ✓ 상·하체 근육 전체를 골고루 자극시키는 운동이다.
- ✓ 등, 엉덩이, 다리의 뒤태 라인을 탄력 있게 다듬어준다.

🕐 **1세트 20회
3세트**

운동 부위

하체

TIP
가슴이 지면과 수평이 될 때까지 상체를 숙인다. 이때 등과 허리, 엉덩이와 허벅지 뒤쪽 근육이 늘어나는 자극을 느낀다.

3 양손을 머리 뒤에 얹고 양발을 어깨너비보다 좁게 벌린다. 상체를 펴고 엉덩이를 살짝 뒤로 빼준다.

4 등과 허리의 긴장을 유지하며 상체를 천천히 90도로 숙인다. 다시 상체를 천천히 세우며 3번 자세로 돌아온다.

워킹 런지(스텝박스)

1 스텝박스의 한 발 뒤쪽에서 양손을
허리에 얹고 양발을 모으고 선다.

2 한쪽 발을 스텝박스 위로 내딛으면서 양쪽
무릎을 구부린다.

운동 효과

✓ 하체 근력, 균형 감각을 향상시킨다.
✓ 엉덩이, 허벅지 군살 제거에 도움을 준다.

⏱ **1세트 20회**
3세트

운동 부위

하체

다리를 구부릴 때 무릎
이 발끝을 넘어가지 않
도록 주의한다.

3 다시 무릎을 펴면서 1번 자세로 돌아온다.
양쪽 다리를 번갈아 실시한다.

8주 차

운동 목표

1 마지막 8주 차는 평생 운동 습관을 다지는 단계이다.

2 운동 전후의 체중, 체지방, 근육량을 비교해보고 요요가 오지 않게 관리한다.

3 매일매일 공통 스트레칭 + 준비 운동 동작을 마친 후 운동을 실시한다.

공통 스트레칭

각 **20회씩 × 3세트**

1. 목 스트레칭 → 2. 팔+어깨 스트레칭 → 3. 등+허리 스트레칭

p.46 참고 / p.48 참고 / p.50 참고

4. 하체 스트레칭 1 → 5. 하체 스트레칭 2 → 6. 하체 스트레칭 3

p.52 참고 / p.54 참고 / p.56 참고

준비 운동

1 벤치 버피테스트 2단계

⏱ 15회씩 × 3세트

p.60
참고

2 벤치 버피테스트 3단계

⏱ 15회씩 × 3세트

p.62
참고

3 시저스킥

p.73 참고

⏱ 15회씩 × 3세트

4 크런치

p.67 참고

⏱ 15회씩 × 3세트

5 브이업

p.71 참고

⏱ 15회씩 × 3세트

마무리 운동　공통 스트레칭 - 8주 차 준비 운동 - 각 요일별 운동을 끝낸 후, 유산소 운동으로 마무리한다.

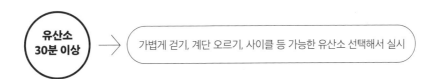

유산소 30분 이상 → 가볍게 걷기, 계단 오르기, 사이클 등 가능한 유산소 선택해서 실시

8주 차
월요일

밴드 풀 오버

운동 효과

✓ 팔과 등 전체 근육에 자극을 준다.

✓ 등 스트레칭 효과가 있으며 매끈한 등 라인을 만들어준다.

⏱ **1세트 20회**
3세트

밴드를 당길 때 상체가 구 부러지면 안 된다. 이때 허리는 편 상태에서 가슴을 살짝 위로 들어준다.

1 밴드를 자신의 키보다 높은 곳에 고정시킨 후, 밴드가 살짝 팽팽해지도록 양손으로 잡고 상체를 앞으로 숙인다.

2 양팔을 펴며 밴드를 아래로 허벅지 쪽으로 당긴다.

시티드 원 암 밴드 로우

운동 효과

✓ 팔, 등 위쪽과 중간의 근육을 단련시킨다.
✓ 한 팔씩 실시하기 때문에 더욱 강하게 근력을 키울 수 있다.

⏱ **1세트 20회**
3세트

[1번→2번]이 1세트다. 팔
을 펴줄 때, 팔꿈치의 긴
장을 유지한다.

TIP
반대쪽 팔도 똑같이
실시한다.

1 밴드를 자신의 앉은키보다 높은 곳에 고정
시킨 후, 의자에 앉아 양팔을 뻗어 밴드를
잡는다. 팔꿈치를 구부려 밴드를 명치까지
끌어당긴다. 다시 천천히 팔을 펴준다.

2 한쪽 팔로 밴드를 잡고 바로 팔꿈치를 구
부리며 천천히 밴드를 옆구리까지 끌어당
겼다가 팔을 천천히 펴준다. 양쪽 번갈아
실시한다.

덤벨 스티프 데드리프트 + 밴트 오버 로우

→ [1번 → 3번]을 쭉 이어서
20회 반복하는 것이 1세트다.

허리가 구부러지지 않게 주의한다. 무릎을 많이 구부리면 운동 효과가 떨어진다.

TIP
손바닥이 허벅지 쪽을 향하도록 덤벨을 쥔다.

TIP
2번 동작의 옆모습. 무릎은 살짝만 굽힌다.

1 양손에 덤벨을 들고 양발은 어깨너비보다 좁게 선다.

2 상체를 곧게 편 상태에서 앞으로 숙인다. 이때 덤벨은 허벅지 옆을 쓸어내리는 느낌으로 무릎 아래까지 내린다.

운동 효과

✓ 등, 하체 근육을 한 번에 단련시킨다.

✓ 등의 군살을 제거하고 근육을 선명하게 만든다.

1세트 20회
3세트

하체, 등

양쪽 날개뼈가 맞닿을 정도로 가슴과 허리를 최대한 편다. 그래야 등 근육에 자극이 잘 온다.

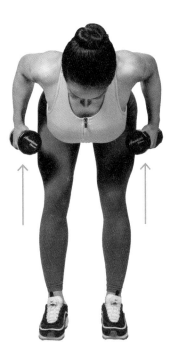

TIP

2번 동작의 옆모습. 덤벨을 쥘 때 양쪽 덤벨이 서로 마주 보도록 한다.

3 가슴을 펴면서 동시에 팔꿈치를 구부리고 덤벨을 옆구리 높이까지 들어 올린다. 호흡을 짧게 내뱉고 다시 천천히 2번 자세로 돌아온다.

밴드 풀 다운 + 킥 백

→ [1번 → 4번]을 쭉 이어서
   20회 반복하는 것이 1세트다.

팔꿈치를 허리에 고정
시킨 채 실시해야 팔 근
육에 자극이 잘 온다.

1 밴드를 자신의 키보다 높은 곳에 고정시킨
후, 밴드를 잡은 상태에서 상체를 앞으로
숙인다.

2 팔을 180도로 쭉 펴면서 밴드를 허벅지 옆
까지 끌어당긴다.

운동 효과

✓ 광배근 상하부를 자극시켜 등 근육 발달에 도움을 준다.
✓ 출렁이는 살을 제거하고 탄탄하고 매끈한 팔 라인을 만들 수 있다.

⏱ **1세트 20회**
3세트

운동 부위

등

밴드를 당길 때 상체가 구부러지면 안 된다. 이 때 허리는 편 상태에서 가슴을 살짝 위로 들어 준다.

3 팔꿈치를 직각으로 구부린다.

4 다시 팔꿈치를 180도로 쭉 폈다가 천천히 버티면서 1번 자세로 돌아간다.

스쿼트 + 맨손 굿모닝

운동 효과

✓ 상·하체 근육 전체를 골고루 자극시키는 운동이다.

✓ 등, 엉덩이, 다리의 뒤태 라인을 탄력 있게 다듬어준다.

⏱ **1세트 20회**
3세트

TIP
가슴이 지면과 수평이 될 때까지 상체를 숙인다. 이때 등과 허리, 엉덩이와 허벅지 뒤쪽 근육이 늘어나는 자극을 느낀다.

TIP
발은 편한 방향으로 둔다. 꼭 11자가 아니어도 상관없다.

1 양손을 머리 뒤에 얹고 양발을 어깨너비만큼 벌리고 선다. 가슴을 편 채로 무릎을 구부려 앉은 후, 발바닥으로 바닥을 밀어낸다는 느낌으로 일어선다.

2 양발을 어깨너비보다 좁게 벌린다. 등과 허리의 긴장을 유지하며 상체를 천천히 90도로 숙인 다음, 다시 천천히 세운다.

점핑잭

운동 효과

✓ 아랫배와 하체 지방을 집중적으로 연소시킨다.

✓ 전신 근력 강화시키고 많은 칼로리를 소모하는 운동이다.

⏱ **1세트 20회**
3세트

TIP
다리를 벌리며 착지했을 때는 발 뒤꿈치가, 다리를 모으며 착지했을 때는 발 앞꿈치가 바닥에 닿도록 한다.

1 양손을 모아 얼굴 앞에 위치시키고 양발을 모으고 선다.

2 점프하면서 동시에 다리를 벌리고 착지할 때 무릎을 구부리며 착지한다. 다시 다리를 모으며 점프하고 1번 자세로 돌아온다.

덤벨 스플릿 스쿼트(의자)
+ 밴드 힙 브릿지

→ [1번 → 2번]을 20회(양쪽 번갈아
  실시) 반복 후, [3번 → 5번]을 20회
  반복하는 것까지 1세트다.

TIP
반대쪽 다리도 똑같은
방법으로 실시한다.

1 양손을 허리에 얹고 의자 앞에 서서 한
쪽 발을 구부려 의자 위에 얹는다.

2 양쪽 무릎을 구부린다. 다시 무릎을 펴
면서 1번 자세로 돌아온다. 양쪽 번갈
아 실시한다.

운동 효과

✓ 하체 전체의 군살을 제거하고 근육을 단련시킨다.
✓ 엉덩이 전체 근육을 자극하여 힙업에 탁월한 운동이다.

🕐
**1세트 20회
3세트**

운동 부위

등

3 양쪽 다리에 밴드를 낀 채 바닥에 누워 무릎을 구부리고 양발을 어깨너비로 벌린다. 이때 양손은 엉덩이 옆에 위치시킨다. 엉덩이를 천장 방향으로 최대한 높이 들어 올린다.

4 밴드가 팽팽하게 당겨질 정도로 양쪽 다리를 벌린다. 이때 양발과 엉덩이 위치는 고정시킨다.

5 다시 양쪽 다리를 오므린 후 엉덩이를 바닥에 닿기 직전까지 내린다.

밴드 토탈힙 + 와이드 스쿼트

운동 부위

하체

운동 효과

✓ 엉덩이 전체 근육을 발달시켜 힙업에 도움이 된다.
✓ 엉덩이, 허벅지의 지방을 연소시킨다.

⏱ **1세트 20회**
3세트

1 양쪽 다리에 밴드를 낀 채 바닥에 양손과 무릎을 대고 엎드린 후, 한쪽 다리를 천장 방향으로 곧게 들어 올린다. 천천히 버티면서 처음 자세로 돌아온다. 양쪽 번갈아 실시한다.

엉덩이를 살짝 뒤쪽으로 빼주어야 운동 효과가 좋다.

2 밴드를 다리에 끼운 채 양쪽 다리를 어깨너비보다 넓게 벌리고 선다. 무릎을 구부리면서 동시에 바깥쪽으로 벌리고 밴드를 양쪽으로 당긴다. 다시 무릎을 모으며 일어선다.

덤벨 제자리 런지(좁게)

운동 효과

✓ 하체 근력, 균형 감각을 향상시킨다.
✓ 엉덩이, 허벅지 군살 제거에 도움을 준다.

⏱ **1세트 20회**
3세트

무릎을 구부릴 때 앞쪽
다리가 발끝을 넘지 않
도록 주의한다.

1 양손에 덤벨을 들고 양쪽 발을 어깨너비로
벌리고 서서 한쪽 발을 뒤로 최대한 뻗어준
다. 이때 상체를 45도 정도 앞으로 숙여준다.

2 몸을 아래로 누르는 느낌으로 양쪽 무릎을
구부린다. 양쪽 번갈아 실시한다.

푸시업

운동 효과

✓ 어깨와 가슴 근육을 집중적으로 키울 수 있다.

✓ 전신 근력과 체력 향상에 도움을 준다.

⏱ **1세트 20회**
3세트

양손은 너무 넓거나
좁게 놓지 않는다.

1 팔꿈치와 무릎을 편 채 바닥에 엎드린다.

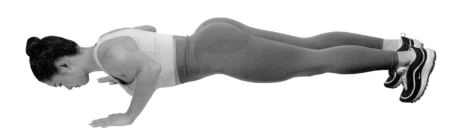

2 팔꿈치를 천천히 구부리면서 양손이 가슴
옆에 위치할 때까지 상체를 내린다.

덤벨 아놀드 프레스

운동 효과

✓ 어깨 삼각근에 자극을 주어 근육을 키울 수 있다.

✓ 어깨 라인을 다듬어주어 옷태가 좋아진다.

⏱ **1세트 20회**
3세트

TIP
2번 자세에서는 덤벨을 쥔 손바닥이 앞쪽을 향하도록 한다.

TIP
손바닥이 얼굴 쪽으로 향하도록 덤벨을 쥐어야 한다.

덤벨을 들어 올릴 때 허리가 꺾이지 않도록 복부의 힘을 빼지 않고 실시한다.

1 양발을 어깨너비로 벌리고 덤벨을 들고 선다. 팔꿈치를 구부려 덤벨이 눈높이에 위치하도록 한다.

2 양쪽 팔꿈치와 손목을 바깥으로 회전시키며 덤벨을 들어 올린다. 다시 반대로 회전시키면서 천천히 1번 자세로 돌아온다.

덤벨 프런트 레이즈
+ 사이드 래터럴 레이즈

→ [1번 → 2번]을 20회 반복 후,
[3번 → 4번]을 20회 반복하는
것까지 1세트다.

팔꿈치가 구부러지지 않
도록 주의한다. 또한 동
작을 너무 빠르게 실시
하지 않는다.

TIP
손바닥이 허벅지
쪽을 향하도록 덤
벨을 쥔다.

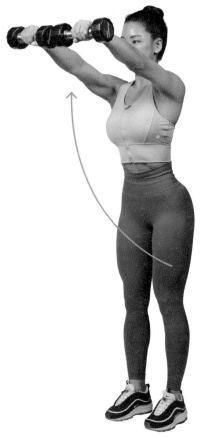

TIP
[2번→1번]에서 허벅지
에 닿기 직전까지 덤벨
을 내려야 운동 효과가
좋다.

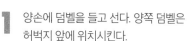

1 양손에 덤벨을 들고 선다. 양쪽 덤벨은
허벅지 앞에 위치시킨다.

2 덤벨을 눈높이까지 들어 올린다. 천천히 내
리다가 허벅지에 닿기 직전에 멈춘다.

운동 효과

✓ 어깨 삼각근에 집중적으로 자극을 준다.
✓ 군살 없는 어깨 라인과 날렵한 쇄골 라인을 만들어준다.

⏱ **1세트 20회**
3세트

덤벨을 끌어 올릴 때 팔은 반드시 쭉 편 상태를 유지해야 운동 효과가 좋다.

TIP
덤벨을 쥘 때 손바닥이 허벅지를 향하게 한다.

3 양쪽 덤벨을 허벅지 옆에 비스듬히 위치시킨다.

4 양팔을 몸에서 멀리 보내듯이 어깨 높이까지 덤벨을 끌어올린다. 천천히 버티면서 다시 3번 자세로 돌아온다.

덤벨 숄더 프레스
+ 밴트 오버 레이즈

→ [1번 → 2번]을 20회 반복 후,
   [3번 → 4번]을 20회 반복하는
   것까지 1세트다.

팔꿈치를 직각 상태
로 만들어야 운동 효
과가 높다.

덤벨을 들어 올릴 때 손목
이 꺾이거나 허리가 구부
러지면 안 된다. 복부에도
힘이 빠지지 않도록 주의
한다.

1 양손에 덤벨을 들고 양발은 어깨너비보다
좁게 선다. 팔꿈치를 구부려 덤벨이 양쪽
귀 높이에 위치하도록 한다.

2 덤벨을 수직으로 들어 올린다. 호흡을 짧게
내뱉고 다시 천천히 1번 자세로 돌아온다.

운동 효과

✓ 어깨와 팔의 근력을 향상시킨다.
✓ 어깨 양쪽 끝 라인이 매끄러워진다.

⏱ **1세트 20회**
3세트

운동 부위

어깨

TIP
덤벨을 쥘 때 양쪽 덤벨이
서로 마주 보도록 한다.

팔이 어깨보다 뒤로 가지
않도록 주의한다.

3 양손에 덤벨을 든 채 상체가 바닥과
수평이 될 때까지 앞으로 숙이고 양
쪽 팔은 무릎 높이까지 내린다.

4 덤벨을 살짝 어깨 쪽으로 던지는 느낌으로 양
팔을 들어 올린다. 천천히 버티면서 3번 자세로
돌아온다.

사이드 런지
+ 덤벨 원 레그 데드리프트

→ [1번 → 2번]을 20회 반복 후,
  [3번 → 5번]을 20회(양쪽 번갈아
  실시) 반복하는 것까지 1세트다.

한쪽 무릎을 구부릴 때
반대쪽 다리가 따라서
구부러지지 않도록 주
의한다.

1 양발을 자신의 어깨보다 넓게 벌리고 선다. 한
쪽 무릎을 구부리면서 반대쪽 다리를 곧게 펴
준 후, 구부러진 다리에 힘을 주며 일어난다.

2 바로 반대쪽 다리를 구부린다. 양쪽 번갈아 실
시한다.

운동 효과

✓ 하체 근력, 균형 감각을 향상시킨다.
✓ 허벅지부터 엉덩이, 허리, 상체 전반에 자극을 주는 운동이다.

**1세트 20회
3세트**

운동 부위

어깨

자세가 흔들리지 않도록
허리, 복부 등 코어 근육
에 힘을 주고 실시한다.

4 허리를 곧게 편 상태에서 상체를 앞으로
숙인다. 동시에 한쪽 다리를 상체와 수평이
되도록 들어 올린다.

3 양손에 덤벨을 들고 양발은 어깨
너비보다 좁게 선다.

5 천천히 상체를 들어 올리면서 다리
를 내려준다. 양쪽 번갈아 실시한다.

점프 스쿼트

하체

운동 효과

✓ 하체의 근육량 증가에 도움을 준다.

✓ 심폐지구력과 민첩성을 기를 수 있다.

⏱ **1세트 20회**
3세트

TIP

1번 자세의 정면 모습.
발은 편한 방향으로 둔
다. 꼭 11자가 아니어도
상관없다.

1 양발을 자신의 어깨너비만큼 벌린 다음, 양
팔을 앞으로 나란히 뻗고 무릎을 구부린다.

2 양쪽 발로 지면을 밀어내면서 살짝 점프하
고 바닥에 착지하면서 1번 자세로 돌아간다.

밴드 토탈힙 + 워킹 런지

운동 효과

✓ 엉덩이, 근육을 발달시켜 힙업에 도움이 된다.
✓ 하체 근력, 균형 감각을 향상시킨다.

⏱ 1세트 20회
3세트

1 양쪽 다리에 밴드를 낀 채 바닥에 양손과 무릎을 대고 엎드린 후, 한쪽 다리를 천장 방향으로 곧게 들어 올린다. 천천히 버티면서 처음 자세로 돌아온다. 양쪽 다리를 번갈아 실시한다.

2 양손을 허리에 얹고 양발을 모으고 선다.

3 한쪽 발을 앞으로 내딛으면서 양쪽 무릎을 구부린다. 다시 무릎을 펴면서 2번 자세로 돌아온다. 양쪽 다리를 번갈아 실시한다.

덤벨 스티프 데드리프트 + 맨손 굿모닝

→ [1번 → 2번]을 20회 반복 후,
 [3번 → 4번]을 20회 반복하는
 것까지 1세트다.

허리가 구부러지지 않게 주의한다. 무릎을 많이 구부리면 운동 효과가 떨어진다.

1 양손에 덤벨을 들고 양발은 어깨너비보다 좁게 선다.

2 상체를 천천히 앞으로 숙였다가 다시 세운다. 이때 덤벨은 허벅지 위를 쓰는 느낌으로 무릎 아래까지 내렸다가 올린다.

⏱ **1세트 20회**
3세트

운동 부위

하체

상체를 세울 때는 허리는 곧게 펴고 무릎은 살짝 구부린 상태를 유지한다. 이때 무릎이 과도하게 구부러지지 않게 주의한다.

TIP
엉덩이를 살짝 뒤쪽으로 빼주어야 운동 효과가 좋다.

TIP
가슴이 지면과 수평이 될 때까지 상체를 숙인다. 이때 등과 허리, 엉덩이와 허벅지 뒤쪽 근육이 늘어나는 자극을 느낀다.

3 양손을 머리 뒤에 얹은 상태를 유지한 채 양발을 어깨너비보다 좁게 벌린다. 상체를 펴고 엉덩이를 살짝 뒤로 빼준다.

4 등과 허리의 긴장을 유지하며 상체를 천천히 90도로 숙인다. 다시 상체를 천천히 세우며 3번 자세로 돌아온다.

313

밴드 풀 다운
+ 오버 헤드 익스텐션

→ [1번 → 2번]을 20회 반복 후,
　 [3번 → 4번]을 20회 반복하는
　 것까지 1세트다.

밴드를 당길 때 상체가
구부러지면 안 된다.

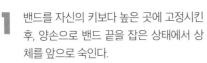

TIP
등 근육의 자극을 느끼며 양
쪽 팔꿈치를 힘껏 등 위로
끌어올린다.

1 밴드를 자신의 키보다 높은 곳에 고정시킨
후, 양손으로 밴드 끝을 잡은 상태에서 상
체를 앞으로 숙인다.

2 양쪽 팔꿈치를 등 뒤로 모으는 느낌으로
밴드를 아래로 끌어당겼다가 다시 1번 자
세로 돌아온다.

운동 효과

✓ 광배근 상하부를 자극시켜 등 근육 발달에 도움을 준다.
✓ 팔 위쪽의 전면과 후면 근육을 골고루 단련시킨다.

⏱ **1세트 20회**
3세트

운동 부위

팔

밴드를 발 뒤꿈치에 걸어서 실시해도 효과적이다.

4번 동작을 실시할 때 양팔이 서로 벌어지지 않도록 주의한다.

3 밴드를 자신의 키보다 낮은 높이에 고정시킨 후, 밴드가 살짝 팽팽해지도록 양손으로 잡고 머리 뒤에 위치시킨다.

4 양팔을 귀에 붙인 상태로 팔꿈치를 펴서 밴드를 머리 위쪽으로 끌어당긴다. 천천히 팔을 구부리며 3번 자세로 돌아온다.

덤벨 킥 백 + 벤치 딥스

→ [1번 → 2번]을 20회 반복 후,
[3번 → 4번]을 20회 반복하는
것까지 1세트다.

팔이 상체와 떨어지지
않도록 팔꿈치는 허리
에 위치시키고 직각 상
태를 유지한다.

1번 자세로 돌아올 때 팔
의 긴장이 풀려 밴드가
느슨해지지 않도록 주의
한다.

1 양손에 덤벨을 들고 서서 상체를 앞으로
숙인다.

2 팔꿈치를 고정시킨 상태에서 양팔을 뒤로
펴며 덤벨을 등 위로 끌어올린다.

✓ 팔의 위쪽 후면 근력을 집중적으로 키운다.

✓ 팔뿐만 아니라 어깨, 가슴 근육도 동시에 단련시킨다.

⏱ **1세트 20회 3세트**

운동 부위

상완삼두근

반복 동작을 실시할 때 허리가 구부러지지 않도록 주의한다.

3 의자 끝에 걸터앉아 양손은 엉덩이 너비만큼 벌려 의자를 짚는다. 양발을 살짝 구부린 다음 엉덩이를 의자에서 뗀다.

4 양쪽 팔꿈치를 구부려 상체를 천천히 바닥 방향으로 내린다. 다시 팔을 펴며 3번 자세로 돌아온다.

밴드 컬

운동 효과

✓ 팔의 위쪽 전면 근육에 강한 자극을 준다.

✓ 어깨 전면과 전완근 발달에도 도움이 된다.

⏱ **1세트 20회**
3세트

TIP

손바닥이 위쪽을
향하도록 밴드를
쥔다.

팔꿈치가 움직이지
않도록 주의한다.

[2번→1번]에서 팔을
완전히 펴지 말고 근육
의 긴장을 유지한다.

1 밴드의 양쪽 끝을 각각 잡은 후, 밴드가 살
짝 팽팽해지도록 양발로 밴드의 중앙을 밟
고 선다.

2 팔을 구부려 밴드를 가슴 높이까지 끌어당
긴다.

밴드 해머 컬

운동 효과

✓ 팔의 위쪽 전면 근육에 강한 자극을 준다.

✓ 어깨 전면과 전완근 발달에도 도움이 된다.

⏱ **1세트 20회**
3세트

TIP

밴드를 쥘 때 손바닥
이 몸 안쪽을 향하게
한다.

팔꿈치가 움직이지
않도록 주의한다.

[2번→1번]에서 팔을
완전히 펴지 말고 근육
의 긴장을 유지한다.

1 양손에 밴드를 잡은 채 밴드의 가운데를
밟고 선다.

2 팔꿈치를 구부려 밴드를 어깨 방향으로 끌
어당긴다.

8주간의 기적 여자 운동 편

초판 1쇄 인쇄 2023년 5월 30일
초판 1쇄 발행 2023년 6월 7일

지은이 조명기
펴낸이 이승현

출판1 본부장 한수미
라이프 팀장 최유연
편집 김소정
디자인 타입타이포
사진 이지포토
표지, 본문 모델 서미정

펴낸곳 ㈜위즈덤하우스   **출판등록** 2000년 5월 23일 제13-1071호
주소 서울특별시 마포구 양화로 19 합정오피스빌딩 17층
전화 02) 2179-5600   **홈페이지** www.wisdomhouse.co.kr

ⓒ 조명기, 2023

ISBN 979-11-6812-623-7 13690